LES
DERNIERS TEMPS
DE
L'EMPIRE.

(EXTRAIT DES MÉMOIRES INÉDITS DU COMTE BEUGNOT, ANCIEN MINISTRE.)

(Extrait de la **REVUE CONTEMPORAINE**, liv. du **30 septembre**.)

PARIS,

AUX BUREAUX DE LA REVUE CONTEMPORAINE,
FAUBOURG MONTMARTRE, NUMÉRO 13.

1852.

LES
DERNIERS TEMPS
DE
L'EMPIRE.

(EXTRAIT DES MÉMOIRES INÉDITS DU COMTE BEUGNOT, ANCIEN MINISTRE.)

I.

Je suis porté à croire qu'après les journées de Lutzen et de Bautzen, l'Empereur voulut profiter de l'armistice qui vint à la suite pour entrer en négociation. Il se rendit à Mayence, avec une suite peu nombreuse, et y appela l'impératrice. Je reçus l'ordre de m'y rendre de Dusseldorf*. Je trouvai à l'Empereur autant de fermeté et de promptitude dans l'esprit que jamais ; mais il ne mettait plus dans l'entretien le même abandon, et il était visible qu'il croyait avoir un rôle à jouer. Il me fit, dès le premier jour, l'étalage de ses forces de toutes armes. Lorsqu'il jetait dans le récit quelque assertion dont il craignait l'effet sur ma crédulité, il me regardait fixement, pour lire dans mon maintien l'effet

---

* L'auteur gouvernait, depuis l'année 1808, en qualité de *commissaire impérial*, le grand-duché de Berg, dont Murat avait, à la même époque, résigné la souveraineté pour devenir roi de Naples. — On a cru devoir conserver le tour original et vif de la phrase, l'allure familière du style, qui prêtent à ces Mémoires d'un homme aussi renommé pour son esprit que pour l'autorité de son intelligence, tout l'attrait d'une conversation spirituelle où abondent les détails intéressants et les faits curieux sur une époque de notre histoire qu'il importe de bien connaître.   (*Note du Directeur.*)

de son récit. Ainsi, lorsqu'il me dit que le roi de Danemark lui fournissait 40,000 chevaux, avec lesquels il allait avoir la plus formidable
cavalerie de l'Europe, je fis, et bien malgré moi, en vérité, je ne sais
quel signe d'impatience, d'où il jugea que je n'étais pas trop confiant dans
sa formidable cavalerie. Il s'en fâcha. « Vous êtes, me dit-il, un de ces
» savants à tous crins qui décident à tort et à travers. Vous répétez,
» après Frédéric, qu'il faut sept ans pour faire un cavalier ; et moi je dis
» qu'avec de bons cadres on fait des régimens de cavalerie aussi promp-
» tement que d'autres. On met des hommes à cheval et ils s'y tiennent :
» voilà tout le secret. Voyez mes gardes d'honneur : il n'y a rien à com-
» parer à ces jeunes gens pour l'intelligence et l'intrépidité. C'est une
» cavalerie admirable ; a-t-on mis sept ans à la former? » — La conversation arrive aux nouvelles levées que l'Autriche et la Bavière viennent d'ordonner. Je me permets de remarquer qu'elles sont bien fortes,
et j'exprime quelques doutes sur la politique de ces deux puissances.
L'Empereur repousse mes doutes, mais sans qu'ils excitent chez lui la
moindre irritation. Je juge seulement, par l'enchaînement de ses idées
et la facilité de l'expression, qu'il y a déjà pensé et qu'il me répète ce
qu'il s'est dit plus d'une fois à lui-même. « Je ne sais, ajoute-t-il, à qui
» ces puissances, et l'Autriche surtout, en veulent, avec ces levées
» d'hommes qui sont déraisonnables. Il n'y a plus de motif pour s'ar-
» rêter, et si j'en fais autant, il ne restera que les femmes en Europe
» pour cultiver les terres. J'ai une armée aussi bonne que jamais et de
» plus de 400,000 hommes. Cela suffit pour rétablir mes affaires dans
» le Nord. Je ne m'aviserai pas de la doubler, quoique rien ne fût plus
» facile. » — Je me le tiens pour dit, et je donne tous les signes d'ac-
quiescement à ce que l'Empereur veut que je croie. Quand il me juge
bien posé sur le terrain où il entend que je reste, il me demande des
détails sur le Grand-Duché. Je les lui donne, en dissimulant les côtés
faibles, mais sans trop farder la vérité sur le reste. « Je ne suis pas
» content de vos troupes ; vous me dépensez beaucoup d'argent pour
» les bien équiper et elles désertent du soir au matin. — Je supplie
» l'Empereur de remarquer que les hommes du Grand-Duché qui dé-
» sertent ne sont pas des soldats, mais des paysans qui ont été expédiés
» sur les corps trois jours après leur arrivée à Dusseldorf. — Vous ré-
» pétez toujours la même chose. Voyez donc les gardes d'honneur. —
» J'ai tort, sire ; j'en demande pardon à sa majesté ; mais elle ne veut
» pas comparer l'élite de la jeunesse française, qui combat à ses côtés,
» avec des rustres allemands qui n'ont de soldat que l'habit. — Nous
» en parlerons plus au long. A demain dix heures. »

Le lendemain, l'Empereur remet sur le tapis les affaires du Grand-
Duché. Il renonce au 2e régiment de chasseurs à cheval que je devais
fournir ; il préfère de mettre à la charge du pays la réorganisation

d'une bonne légion de Polonais , qui ne déserteront pas. J'exprime le désir de vérifier si la dépense n'excédera pas la somme allouée au budget pour la levée d'un second régiment de chasseurs. A cet instant, l'Empereur retombant dans le vrai, me répond : « Il me faut des » troupes, et surtout des troupes faites : vous ferez comme vous l'en- » tendrez; le temps d'y regarder de si près est passé. » —L'Empereur me dicte des lettres durant deux ou trois heures, et des décrets, autant qu'il en fallait pour que le soin de les expédier emportât toute la nuit. L'Empereur, en marchant à grands pas dans son cabinet, dictait avec une grande rapidité. Il s'arrêtait un peu au premier mot de la phrase; mais dès qu'il était trouvé, le reste lui échappait d'un seul jet. Le premier jour que j'écrivis sous sa dictée, je ne pus le suivre, quelques efforts que j'y fisse, et je n'avais produit qu'un brouillon informe, où je craignais que personne, à commencer par moi, ne pût se reconnaître. M. Fain me demanda si j'avais bien présent à la mémoire le projet de chaque lettre. Je lui répondis affirmativement. « Dans ce » cas, reprit-il, tout est bien; il ne vous en faut pas davantage. Vaine- » ment on essaierait d'écrire aussi vite que dicte l'Empereur et de » traduire sur le papier les mots mêmes dont il s'est servi; car il va » très-vite, ne permet pas qu'on l'arrête et moins encore qu'on le fasse » répéter. Il faut s'attacher à ce qui est possible , saisir le sujet de la » lettre, et garder la disposition dans laquelle les idées se sont échap- » pées. Si l'Empereur a employé quelques-unes des figures de mots » qu'il affectionne et qui sont le cachet de son style , ne pas les négli- » ger; ensuite, et quand il s'agit de rédiger, serrer la construction de » la phrase et être avare de mots. Avec cela, vous aurez rempli le vœu » de l'Empereur, qui, au reste, se montre facile et confiant avec ses » secrétaires, car il ne relit pas. » — Je suivis ces bons conseils, et, en effet, lorsque je présentai, le lendemain , les lettres à la signature, l'Empereur ne prit pas la peine de les relire; il trouva seulement que j'avais manqué à l'étiquette , en laissant trop de blanc à la marge de mes expéditions. J'en avais laissé tout au plus deux lignes; mais c'était beaucoup trop, il ne fallait rien laisser du tout; l'Empereur croyait sincèrement que les formes particulières aux lettres des souverains m'étaient tout-à-fait étrangères, et que j'apprenais tout ce qu'il avait la bonté de m'enseigner sur ce point. Je n'avais garde de le troubler dans cet avantage de plus qu'il prenait encore sur moi, en réfléchissant, toutefois, que j'étais au courant de ces matières, et que, déjà , j'avais trouvé l'occasion d'y appliquer mon petit savoir-faire , que lui-même était encore caché dans les écoles militaires ou sous l'uniforme de sous-lieutenant. Ce jour-là, l'Empereur, après m'avoir dicté plusieurs lettres et quelques décisions sur des affaires toutes relatives au Grand-Duché, me remit le dossier assez volumineux d'une affaire de la ville de Hanau, dont il m'ordonna de m'occuper sur-le-champ, en me disant : « Je porte de l'intérét à cette ville, dont je n'ai pas voulu me » défaire quand j'ai disposé des autres possessions de l'électeur de » Hesse. Elle est avantageusement située, et de plus d'une manière » elle peut m'ètre utile. L'esprit de ses habitants est bon, et j'ai envie » de faire quelque chose pour eux. Il ne faudrait pas regarder aux » sacrifices pour s'attacher les populations. J'ai fait examiner les pré- » tentions de la ville de Hanau par le préfet de Mayence, qui y a mis » toute sa conscience; mais son rapport est trop long. Revoyez l'af- » faire avec lui, et, quand vous l'aurez examinée, je vous réunirai en » conseil d'administration pour la décider; mais il n'y a pas de temps » à perdre : demain, vous me direz si vous êtes prêt. » — Ces mots de *sacrifices pour s'attacher les populations* me remettent au cœur le courage d'attaquer encore une fois l'établissement du monopole du tabac dans le Grand-Duché. L'Empereur m'écoute avec beaucoup de patience, et j'étais porté à croire que tout n'avait pas été en perte pour lui dans ces derniers désastres, puisqu'il y avait appris la nécessité de s'attacher les populations. Quand j'ai expliqué mon affaire aussi au long qu'il m'a convenu, l'Empereur mc répond : « Il est inconcevable » que vous n'ayez aperçu par aucun côté le motif qui me fait persister » pour l'établissement du monopole du tabac dans le Grand-Duché. Ce » n'est pas de votre duché qu'il s'agit, c'est de la France. Je sais bien » que vous n'y gagnerez rien ; il se peut même que vous y perdiez; et » que m'importe, si la France y trouve son profit ! Sachez donc que » dans tout pays où le monopole du tabac est établi, et qui confine sans » intermédiaire à un pays où le commerce en est libre, il faut compter » sur une infiltration habituelle de contrebande qui alimente jusqu'à » une profondeur de sept à huit lieues la consommation dans le pays » assujéti. Voilà ce dont j'entends préserver la France. C'est à vous » à vous defendre comme vous l'entendrez de cette infiltration. » Il me suffit de l'avoir repoussée à plus de huit lieues de mes fron- » tières. Maintenant, je peux compter sur les produits de la rive » gauche du Rhin comme sur ceux des provinces de l'intérieur de la » France ; voilà ce que j'ai voulu. Jugez maintenant si j'ai dû écouter » vos doléances, et sacrifier les intérèts de la France à vos conve- » nances. » — J'aurais pu répondre que, pour être dans le vrai, il suffirait de retourner la proposition dans le sens opposé. Je ne m'en avisai pas, et je fus assez satisfait pour moi du rôle prudent que j'avais joué dans cette seconde séance.

En sortant du palais, j'allai trouver M. le préfet de Mayence, pour lui faire agréer l'adjonction que l'Empereur avait faite de ma personne pour l'examen de l'affaire de Hanau. M. Jean-Bon-Saint-André n'était rien moins que susceptible : il m'en parut charmé, et me dit que nous

ne serions pas de trop pour repousser les idées extravagantes que le
conseiller d'état Jollivet avait essayé de mettre dans la tête de l'Empereur, sur les droits du souverain de Hanau. J'avais entrevu M. Jean-
Bon-Saint-André lorsqu'il siégeait à la Convention. Il avait été l'un des
membres les plus énergiques du gouvernement révolutionnaire, et il
était l'un de ces hommes avec lesquels on pouvait avoir des relations
d'affaires, mais jamais de confiance. J'avoue que je fus un peu ramené
vers lui par le travail qu'il avait fait sur cette affaire de Hanau. Il n'y
avait pas seulement mis toute sa conscience, pour me servir d'une expression de l'Empereur, mais une clarté et une logique de premier
ordre. Je lui en fis mon compliment, et lui déclarai que je n'avais
d'autre parti à prendre que de l'approuver, et de l'approuver encore
en présence de l'Empereur. « Gardez-vous-en bien, me dit-il, pour peu
» que vous portiez intérêt à la ville de Hanau, ou, plutôt, au triomphe
» de la justice. L'Empereur en conclurait, ou bien que vous n'avez
» pas examiné à fond l'affaire, ou que nous nous entendons comme
» larrons en foire. Convenons plutôt de quelques points de discussion
» que nous attaquerons fort et ferme devant lui, pour fixer son atten-
» tion et lui donner l'occasion de se dire, et peut-être de nous dire :
» Pauvres hères que vous êtes! que deviendriez-vous, si je n'étais pas
» là, pour vous montrer où est la vérité et vous y faire tenir? » — Je
trouvai l'avis assez piquant pour le suivre. L'embarras était de trouver
dans le travail de Jean-Bon-Saint-André quelques parties que je pusse
attaquer avec un avantage apparent, et, faut-il en convenir? il mit
quelques taches à cet excellent travail, pour me ménager le plaisir de
les signaler.

Ce M. Jean-Bon-Saint-André était un ministre protestant, d'abord
prédicant chaleureux dans le Midi; mais qui, comme ses pareils, avait
apporté à la révolution des ressentiments à satisfaire, des haines à as-
souvir, de vieilles ambitions de parti à raviver. Il a été rare qu'un
protestant, et surtout un ministre protestant, n'ait pas pris place parmi
les révolutionnaires les plus décidés. Le juste et tolérant Louis XVI a
payé à ce parti la peine de la révocation de l'édit de Nantes, de la prise
de La Rochelle et de l'abjuration du chef de sa maison. M. Jean-Bon
était arrivé à la Convention, et y avait déployé des connaissances éten-
dues, le talent de tribune que supposait son état dans le monde, une
rare intrépidité, et un caractère également incapable de faire et de
demander grâce. Ardent révolutionnaire par-dessus tout, il était par-
venu au comité de salut public, où les missions difficiles et qui exi-
geaient un surcroît d'énergie lui tombaient en partage. Ainsi fut-il
envoyé en Amérique, sur une flotte commandée par Villaret-Joyeuse,
pour en ramener à tout prix des grains, dont la disette était effrayante.
La flotte revenait chargée et était sur le point de rentrer dans nos ports,

après avoir heureusement échappé à toutes les surveillances ennemies, lorsqu'elle se trouva en face de la flotte anglaise qui tenait la Manche. On pouvait y échapper, et l'avis de l'amiral était de le tenter. Cela parut un acte de faiblesse à Jean-Bon-Saint-André, qui exigea qu'on livrât bataille et sur-le-champ; lui-même s'y épargna moins que le dernier des matelots; et cependant l'issue ne fut pas autre que celle des combats de mer de cette époque : nous perdîmes quelques vaisseaux et une partie du convoi; le reste rentra dans nos ports. C'était la manne tombée au désert. On se consola de ce qu'on avait perdu par ce qui s'était retrouvé, et aussi parce que nos marins firent dans ce combat des traits d'intrépidité sublime, et qui frappèrent amis et ennemis d'une égale admiration. Jean-Bon, rentré au comité de salut public, en reprit sans hésiter les traces sanglantes. Il en approuvait alors tous les actes et n'en a pas désavoué un seul depuis; mais son absence prolongée l'avait mis en quelque sorte à l'écart, et il échappa à la vengeance que la Convention tira des autres membres du fameux comité. Après le 18 brumaire, l'Empereur le tint encore quelque temps hors des affaires; mais quand son gouvernement fut tellement affermi que les hommes du talent et du caractère de celui-ci pouvaient toujours le servir, mais ne pouvaient plus lui nuire, il se l'attacha par différentes missions, dont la dernière et la plus importante avait été la préfecture de Mayence. Il s'y montrait, sous beaucoup de rapports, le préfet-modèle. Mettant à l'écart la représentation dont la nécessité ne lui était pas démontrée, et le respect de certaines convenances dont il n'avait même pas l'idée Jean-Bon, du reste, ne laissait rien à désirer : travailleur infatigable, administrateur toujours prêt, sévèrement juste sans acception de partis, il comblait les vœux du département que d'abord il avait effrayé. Le mobilier de son cabinet consistait dans un bureau formé de quatre planches de sapin solidement unies, de six chaises de bois, et de la lampe devant laquelle il passait souvent des nuits. Les autres appartements de l'hôtel respiraient la même modestie, et la table était parfaitement assortie au reste. On retrouvait dans le préfet de Mayence le vieux conventionnel du comité de salut public, avec sa frugalité et sa *laboriosité* toute républicaine. Le jour nous avait été indiqué pour discuter l'affaire de Hanau devant l'Empereur, en conseil d'administration. Jean-Bon commença son rapport, comme nous en étions convenus. J'en attaquai deux points, et je cherchai à faire prévaloir sur ces points l'opinion de M. le conseiller d'État Jollivet, opposée à celle du préfet. L'Empereur résuma l'affaire avec sa lucidité ordinaire, et donna à mes objections un poids tel que je finis par les croire sérieuses. Mais après avoir établi ce qu'il appelait le droit étroit, il s'en relâcha en faveur de la ville de Hanau et lui accorda à peu près ce qu'elle avait demandé. Le même jour, le préfet et moi avions été invités à dîner chez l'Empereur. Le conseil avait fini à près de cinq heures, et, en attendant le dîner, l'Empereur proposa une promenade sur le Rhin, dans le dessein d'essayer un batelet élégant, dont le prince de Nassau venait de lui faire hommage. On descendit du palais de l'Ordre Teutonique sur les bords du fleuve, où le prince de Nassau attendait l'Empereur.

Sans avoir adressé à Jean-Bon et à moi une invitation positive de l'accompagner, il s'était expliqué de manière à nous y autoriser; nous suivîmes le cortége et nous entrâmes dans le bateau avec les autres. L'Empereur était accompagné de deux aides-de-camp et d'un adjudant du palais. Venait ensuite le prince de Nassau avec une sorte d'officier de marine qui commandait la manœuvre; Jean-Bon, moi, et enfin le mameluck obligé. La suite de l'Empereur occupait l'une des extrémités du bateau; nous occupions l'autre; lui-même restait au milieu avec le prince de Nassau, qui lui faisait admirer le magnifique vignoble qui couronne la rive droite du Rhin et au centre duquel se déploie le château de Biberich. L'Empereur paraissait donner toute son attention à ce tableau qu'il détaillait une longue vue à la main. Il demandait sur le château de Biberich des renseignements que le prince lui donnait avec une complaisance servile qui devait bientôt trouver son terme. Jean-Bon et moi, nous tenions à toute la distance de l'Empereur que fournissait la longueur du bateau; mais elle n'était pas telle qu'on ne pût entendre ce qui se serait dit des deux parts; pendant que l'Empereur, debout sur l'un des côtés et penché vers le fleuve, semblait y rester en contemplation, Jean-Bon me dit, et pas trop bas : « Quelle étrange position : le sort du monde dépend d'un » coup de pied de plus ou de moins. » — Je frémis de tous mes membres et ne trouvai de la force que pour répondre : « Au nom de Dieu! » paix donc! » — Mon homme ne fit compte ni de ma terreur ni de ma prière, et poursuivit : « Soyez tranquille, les gens de résolution » sont rares. » — Je fis un tour de conversion pour me préserver des suites du dialogue, et la promenade finit sans qu'il pût être repris. On mit pied à terre; le cortége de l'Empereur le suivit à sa rentrée au palais. En montant le grand escalier, j'étais à côté de Jean-Bon et l'Empereur nous précédait de sept ou huit marches. La distance m'enhardit et je dis à mon compagnon : « Savez-vous que vous » m'avez furieusement effrayé? — Parbleu, je le sais! Ce qui m'é- » tonne, c'est que vous ayez retrouvé vos jambes pour marcher; » mais tenez-vous pour dit que nous pleurerons des larmes de sang de » ce que sa promenade de ce jour n'ait pas été la dernière. — Vous » êtes un insensé. — Et vous un imbécile, sauf le respect que je dois » à Votre Excellence. »

Nous parvenons au salon de service; on venait de recevoir des dépêches; elles étaient alors d'une telle gravité qu'on n'en différait pas d'un instant l'ouverture. L'Empereur était passé dans son cabinet pour les lire, et le dîner était retardé, le salon de service était peuplé de chambellans, d'aides-de-camp, d'officiers d'ordonnance, de secrétaires, distingués entre eux par des habits plus ou moins riches et d'une élégance recherchée. Ceux qui en étaient revêtus les justifiaient par la politesse de leurs manières et une langue de cour qui commençait à se former. Le vieux conventionnel faisait tache au milieu du tableau avec son costume de préfet le plus modeste possible et déjà supporté, et le reste de son habillement en noir, y compris la cravate. Il paraît qu'il avait éprouvé plus d'une fois à ce sujet les aimables moqueries de la bande dorée, car ce jour-là on avait l'air de reprendre avec lui le discours interrompu de la veille. M. Jean-Bon laissa ces messieurs épuiser tous les traits qu'ils portaient dans leurs carquois dorés; puis il leur répondit avec un sang-froid qui ajoutait à la puissance du discours : « J'admire en vérité que vous ayez le » courage de vous occuper de mon costume et de la couleur de mes » bas, le jour où je dois dîner avec l'Empereur et l'Impératrice. Vous » ne me dites pas tout : vous êtes scandalisé de me voir appelé à un » pareil dîner, et je n'aurai pas sitôt tourné le dos que vous direz : » En vérité, on ne conçoit pas l'Empereur de faire dîner avec l'Impé- » ratrice, la nouvelle Impératrice, un conventionnel, un votant, un » collègue de Robespierre au comité de salut public, et qui pue le ja- » cobin une lieue à la ronde. — Eh! monsieur Jean-Bon, comment » nous placer dans la bouche de pareilles sottises. Nous nous respec- » tons trop pour jamais nous permettre...—Point du tout, messieurs, » ce ne sont pas là des sottises, mais de pures vérités; j'avoue tout » cela. L'Europe était alors conjurée contre la France, comme elle » l'est aujourd'hui. Elle voulait nous écraser de toutes les forces mo- » rales et matérielles de l'ancienne civilisation. Elle avait tracé autour » de nous un cercle de fer. Déjà la trahison lui avait livré des villes » notables : Elle s'avançait : Eh bien! les rois en ont eu le démenti; » nous avons dégagé le territoire et reporté chez eux la guerre d'in- » vasion qu'ils avaient commencée chez nous; nous leur avons enlevé » la Belgique et la rive gauche du Rhin que nous avons réunies à » cette même France dont ils avaient, au début de la guerre, arrêté » le partage. Nous avons porté au loin notre prépondérance et forcé » ces mêmes rois à venir humblement nous demander la paix. Savez- » vous quel gouvernement a obtenu ou préparé de tels résultats? Un » gouvernement composé de conventionnels, de jacobins forcenés, » coiffés de bonnets rouges, habillés de laine grossière, des sabots aux » pieds, réduits pour toute nourriture à du pain grossier et de » mauvaise bière, et qui se jetaient sur des matelas étalés par terre

» dans le lieu de leur séance quand ils succombaient à l'excès de la
» fatigue et des veilles. Voilà quels hommes ont sauvé la France.
» J'en étais, messieurs; et ici, comme dans l'appartement de l'Empe-
» reur où je vais entrer, je le tiens à gloire. — On ne peut pas dis-
» puter des goûts, reprit un général; mais en accordant aux comités
» du gouvernement de l'époque la justice qui leur est due sous les
» rapports militaires, il y a beaucoup de leurs actes dont il est impos-
» sible qu'on se puisse glorifier. Je réclame contre l'expression : elle
» est trop forte. — Et moi je la maintiens, reprend Jean-Bon. Au sur-
» plus, attendons quelque temps : La fortune est capricieuse de sa
» nature. Elle a élevé la France bien haut. Elle peut tôt ou tard la
» faire descendre, qui sait? aussi bas qu'en 1793. Alors, on verra si on
» la sauvera par des moyens anodins, et ce qu'y feront des plaques,
» des broderies, des plumes et surtout des bas de soie blancs. » On
nous avertit que l'Empereur va passer pour dîner et nous entrons
dans la salle à manger. L'Empereur y parut presque aussitôt. Il avait
le front chargé de nuages, et était tellement absorbé par la médita-
tion qu'il ne prenait qu'une part machinale à ce qui se passait autour
de lui. Il s'assit cependant et mangea fort peu. Il adressa deux ou
trois fois la parole au prince de Nassau sur des sujets insignifiants et
ne donna nulle attention aux réponses, de sorte qu'ils avaient l'air de
jouer aux propos interrompus. Il demanda au préfet s'il ne s'occupe-
rait pas bientôt du pavé de Mayence qui était détestable. L'impératrice trouva l'occasion de placer quelques mots, et le fit avec une modestie grande. Les réponses n'en furent pas moins brusques, et par-
dessus le marché l'Empereur y entremêla quelques mots peu flatteurs
pour l'empereur d'Autriche. Je n'obtins pour mon compte qu'un très-
petit moment d'attention de S. M. Elle avait devant elle au dessert
une jatte d'abricots et daigna m'en envoyer un. L'Empereur entra
presque immédiatement après le dîner dans son appartement, après
m'avoir ordonné de venir le lendemain au travail comme à l'ordinaire. J'entrai dans le cabinet à dix heures. L'Empereur me dicta sur
cinq ou six affaires de fort courtes décisions dont il me donna som-
mairement les motifs ; et il m'ordonna de les rédiger pour les lui faire
signer le jour même. Il se promenait assez vite dans l'appartement et
je restais debout en attendant qu'il me permît de m'asseoir. Il m'en
fit le signe quand je dus commencer à écrire. J'allai tout droit me
planter dans son fauteuil qui n'avait rien d'apparent qui pût m'avertir. L'Empereur en fut sinon choqué au moins fort étonné et m'en-
joignit assez brusquement de chercher une place et de lui laisser la
sienne. J'obéis bien vite. Le travail continuait. L'Empereur eut besoin
d'un papier qui devait se trouver sur la table où je travaillais. Je mis
un peu de temps à le découvrir, et dès que je l'aperçus, je m'élançai

de ma nouvelle place pour le lui présenter. L'Empereur le lut, et son contenu lui fournit l'occasion de me faire une question à laquelle je répondis en me promenant du même pas que lui ; et de là une discussion qui dura deux ou trois minutes, et après laquelle il me fit le signe d'aller écrire. — Je ne sais où diable j'avais la tête ce jour-là, je vais encore une fois m'asseoir droit au fauteuil de l'Empereur, et j'écris tout aussi paisiblement que si j'avais été assis sur un autre. L'empereur me laissa le temps d'achever ma phrase, puis me dit d'un ton qui n'avait plus rien de sévère : *C'est donc un parti pris chez vous que de vous mettre à ma place. Vous prenez mal votre temps.* Ce dernier mot m'étonna singulièrement et m'enhardit un peu. La position entre l'Empereur et moi était ce jour-là singulière. Je ne pouvais pas m'empêcher de juger par la nature des affaires dont il s'occupait avant les autres et par les expressions qui échappaient à sa préoccupation qu'il avait reçu de mauvaises nouvelles politiques dont il ne voulait pas parler; et lui-même devait s'apercevoir par ma contenance et mes réponses que je savais ces nouvelles et que je n'en osais rien dire. Nous étions à des années de distance de l'époque où il allait avoir une armée plus formidable que jamais, où le roi de Danemark lui fournissait 40,000 chevaux pour sa cavalerie, etc., etc., et cependant il ne s'était passé que cinq jours entre celui où il m'avait tenu ce discours et celui où il lui échappait que *le temps serait mal pris* pour s'asseoir à sa place. C'est qu'entre les deux discours, l'Empereur avait reçu la nouvelle de la défection de la Bavière et des dispositions plus qu'équivoques de l'Autriche. Il est rare, pour peu que l'entretien dure entre deux personnes de la sorte disposées que le discours ne tende pas à s'établir sur ce qui est secrètement convenu et sans qu'il soit besoin de l'avouer. Lors donc qu'en terminant le travail ce jour-là, l'Empereur toucha un mot des intrigues qu'on allait ourdir sur les derrières de son armée, et de la nécessité d'y mettre ordre, je répondis que je n'avais d'appréhension que pour le comté de Lamarck, et que c'était là pourquoi j'avais tant insisté pour qu'on y établît pas le monopole du tabac pendant la guerre, sauf à y revenir à la paix ; « c'était, ajoutais-je, une faible concession. Il y a des mo-
» ments critiques où l'esprit public d'une contrée à besoin d'être mé-
» nagé. — Je vous comprends, reprit l'Empereur en jetant sur moi un
» regard animé : vous me conseillez des concessions, des ménage-
» ments et surtout un grand respect pour l'esprit public; voilà les
» grands mots de l'école dont vous êtes. — Sire, je ne suis d'autre
» école que de celle de l'Empereur. — Ce que vous dites-là est un mot
» et rien de plus. Vous êtes de l'école des idéologues, avec Regnault,
» avec Rœderer, avec Louis, avec Fontanes; Fontanes, non, je me
» trompe, il est d'une autre bande d'imbéciles. Croyez-vous que je ne

» saisisse pas le fond de votre pensée à travers les voiles dont vous
» l'enveloppez. Vous êtes de ceux qui soupirent au fond de l'âme pour
» la liberté de la presse, la liberté de la tribune, qui croient à la toute
» puissance de l'esprit public. Eh bien ! vous allez savoir mon dernier
» mot. » Puis portant la main droite à la garde son épée, il ajoute :
« Tant que celle-là pendra à mon côté, et puisse-t-elle y pendre en-
» core longtemps! vous n'aurez aucune des libertés après lesquelles
» vous soupirez, pas même, M. Beugnot, celle de faire à la tribune
» quelque beau discours à votre manière. — Mais, sire, je ne sais quel
» ennemi a pu me défigurer de la sorte dans l'esprit de l'Empereur.
» — Personne ; mais je vous connais, et mieux que vous ne vous con-
» naissez vous-même. Vous rapporterez ce soir votre travail au
» cabinet. » Je suis congédié. Le soir je reçois le mot d'ordre accou-
tumé. « A demain dix heures, et ne sortez pas de chez vous sans dire
» où l'on peut vous trouver. »

Je reviens le lendemain à dix heures. L'Empereur travaillait avec
ses secrétaires et me fait donner l'ordre de repasser à quatre heures
du soir. C'était un jour de dimanche et j'étais invité à dîner chez
M. Jean-Bon-Saint-André. J'arrive à deux heures ; je sais que c'est
celle du dîner ; mais je prie le maître de la maison d'arranger les
choses de manière que je puisse être à trois heures et demie au palais
de l'Ordre Teutonique pour y attendre les ordres de l'Empereur.
« L'Empereur ne sera plus ici, me dit Jean-Bon, à l'heure qu'il vous a
» indiquée. Il part s'il n'est déjà sur la grande route : d'où sortez-
» vous donc pour ne pas savoir cela ? » J'insiste, je soutiens à Jean-
Bon qu'il est mal informé ; je déduis mes preuves contraires. « Eh
» bien ! reprend-il, vous êtes mystifié : c'est le jeu favori de notre glo-
» rieux maître. Mais je vous répète qu'il part, et faites de votre mieux
» pour vous en consoler ; et très-probablement nous ne le reverrons
» plus. » Comme il achevait sa phrase, entre un chambellan qui
était accouru et qui nous dit tout essoufflé : « Messieurs, j'ai l'hon-
» neur de vous prévenir que l'Empereur va partir. — Et moi, ré-
» pondit Jean-Bon-Saint-André, j'ai l'honneur de vous répondre que
» le préfet va dîner. » Comme je n'étais pour rien dans la censure
audacieuse de Jean-Bon-Saint-André et dans sa conduite peu mesurée,
j'accourus bien vite à la voix du Chambellan. J'arrivai dans la cour
du palais comme l'Empereur montait en voiture. Je lui demandai
ses ordres. Il me prescrivit de rester encore à Mayence ce qu'il me
faudrait de temps pour y terminer l'affaire de Hanau, après quoi je
retournerais à Dusseldorf, si je ne recevais pas d'ordres contraires.
Je revins à mon dîner, qui, pour la modestie du service, se ressentait
un peu trop de l'ancien membre du comité de salut public ; mais qui
fut assaisonné d'une diatribe de l'architriclin contre les conquêtes et

les conquérants et qui donnait sans façon César, Alexandre et Bonaparte en exemple du malheur qui ne tardait jamais à les atteindre. L'orateur ne se doutait pas, qu'à peine quatre mois seraient écoulés que lui-même périrait, au milieu d'un hôpital, victime de son intrépidité à y secourir les débris empoisonnés que nos armées vaincues y vomissaient. J'eus aussi ce triste devoir à remplir, et je me rends cette justice que je m'y suis pas plus épargné que le préfet de Mayence. Mon heure n'était pas venue.

Je passai huit jours à Mayence. Je me promenais dans les environs qui sont pittoresques, et je ne manquai pas d'aller visiter ce château de Biberich qui avait attiré l'attention de l'Empereur durant la promenade sur le Rhin. Je ne regrettai pas ma course. La position est l'une des plus belles connues, et le château qui a de la grandeur n'est pas non plus dépourvu d'élégance. Enfin je regagnai Dusseldorf par la magnifique route qui borde le Rhin de Mayence à Cologne; et ce monument, quand les Français ne laisseraient que celui-là de leur séjour en Allemagne, suffirait à l'immortaliser. Je trouvai en route ma fille et ses enfants qui venaient passer chez moi le reste de la belle saison. Elle voulait s'y tenir à portée des armées pour avoir plus vite des nouvelles de son mari. Notre arrivée en famille fit événement dans la maison. On s'y promettait tout le bonheur compatible avec l'espèce d'inquiétude qu'entretient toujours la présence d'un père de famille à l'armée. A cela près, la joie de la réunion était complète. J'en prenais ma part avec l'arrière-pensée qu'elle pourrait bien n'être pas durable. Les prophéties de ce malheureux Jean-Bon me tenaient en émoi.

Les dispositions du Grand-Duché n'étaient pas propres à me rassurer. Le ministre de l'intérieur * qui tenait encore un peu à notre parti, me confirma la nouvelle que le cabinet de Vienne cesserait d'appuyer l'Empereur, et qu'il allait organiser une armée d'observation pour être toujours en état de saisir le rôle de médiateur entre son gendre et l'empereur de Russie. Pour qui connaissait le caractère de Napoléon, il n'était pas douteux qu'avec lui le rôle de médiateur serait bientôt amené à celui de complète hostilité. M. de Nesselrode me dit que la Bavière faisait fureur dans la nouvelle direction qu'elle venait

---

* Le grand-duché de Berg était administré par le oommissaire impérial, qui réunissait à cette fonction celle de ministre des finances, par un ministre de la guerre et par un ministre de l'intérieur. Le ministre de la guerre était le général de division Damas, ancien chef d'état-major de Kléber, homme d'un beau et noble caractère, qui resta en disgrace pendant toute la durée de l'Empire à cause de sa fidélité pour la mémoire de son ancien général. Le ministère de l'intérieur avait été confié à un personnage influent du pays, le comte de Nesselrode, chef de la famille de ce nom et oncle du ministre des affaires étrangères de Russie. *(Note du Directeur.)*

de prendre, et que la meilleure preuve qu'il m'en pouvait donner, c'est que les personnages les plus considérables par leur naissance couraient se ranger sous le commandement du général de Wrede. Enfin il ajouta qu'il ne fallait même pas compter entièrement sur la Saxe. Le roi serait fidèle à tout prix à son alliance avec la France ; mais l'armée pourrait, comme avait fait celle de Prusse, cesser d'obéir et passer dans les rangs allemands. « Ce sera donc, lui dis-je, une vraie croisade contre l'Empereur ? — Sincèrement, je le crois, me répondit Nesselrode, et qu'elle va éclater de toutes parts. J'espère que nous resterons tranquilles ici. La question se jugera loin de nous, et sans que nous puissions désormais mettre un grain de plus ou de moins dans la balance. Cette considération et le voisinage de la France nous doivent rassurer. » — Je ne l'étais pas du tout au sortir de cette conversation. Les renseignements qui m'arrivaient de tout côté confirmaient ce que le ministre de l'intérieur m'avait dit. Je crus qu'il était de mon devoir d'avertir, et je le remplis sans me dissimuler que je courais risque d'indisposer l'Empereur, peut-être de subir une disgrace. Je ne le fis pas sans réflexion. Je balançai pendant vingt-quatre heures les raisons pour et les raisons contre. Les raisons contre m'étaient apportées en foule, mais toujours par l'égoïsme ; tandis que les autres étaient inspirées par la fidélité, l'affection et la reconnaissance. Je ne pouvais pas hésiter plus longtemps sans rougir de moi-même à mes propres yeux. Je mis deux jours à composer le rapport qui sera joint à ces Mémoires. J'espère qu'on y reconnaîtra qu'en gardant avec l'Empereur la mesure que m'inspirait le respect, et en choisissant les formes qui me semblaient les plus propres à me faire pardonner, je ne lui dissimulais pas la vérité. Je crains cependant que cet écrit ait été pris par lui pour une preuve flagrante de l'idéologie de son auteur et n'ait considérablement affaibli sa confiance dans mon savoir faire. En effet, et quinze jours après, l'administration du Grand-Duché fut doublée pour le personnel. J'avais confié la direction générale des douanes à M. David, jeune homme plein de zèle, de connaissances et de talent qui croyait que la politesse ne nuisait jamais, et qui en apportait beaucoup en affaires. Il nous descendit de Wezel pour le doubler un directeur des douanes du nom de Turc, et qui l'était d'effet, homme ignorant, grossier, mais armé de ce zèle brutal qui a fait la fortune de tant de médiocrités. Le général Damas, respecté et obéi dans le Grand-Duché, fut doublé par le général Lemarrois, aide-de-camp de l'Empereur, qui au reste déploya dans sa mission beaucoup de modération et de bon esprit, et M. d'Argout fut entièrement soustrait à ma surveillance pour les opérations financières dont il était chargé, et passa sous celle du directeur Turc, avec lequel cet auditeur, tout jeune qu'il était, ne s'harmoniait pas mal. Je n'ai jamais pu deviner le sujet de cette guerre soudainement déclarée au Grand-Duché. L'Empereur ne pouvait alors prévoir que quatre mois ne s'écouleraient pas avant qu'il en fût dépossédé; travailler le pays en finances pour réparer les siennes, c'était vouloir désaltérer un éléphant avec de l'eau dans une coquille de noix. Quoi qu'il en soit, je m'aperçus aisément que l'administration du Grand-Duché m'échappait, et dès lors je me familiarisai avec l'idée de ma retraite.

Cependant, on reçut coup sur coup les nouvelles de la perte des armées du général Vandamme et des maréchaux Oudinot et Macdonald. Quoiqu'il restât à l'Empereur la grande armée avec laquelle il a combattu à Leipsick, qu'il lui restât son génie et l'idée confuse que son dernier effort devait être terrible, déjà on tenait en Allemagne la lutte pour terminée et que les Français seraient rejetés de l'autre côté du Rhin; car il ne passait dans la tête de personne qu'on pût les poursuivre plus loin.

Je partageais la même confiance. Je fis donc passer le Rhin à ce que je possédais de plus précieux à Dusseldorf, à ma famille, et je ne gardai auprès de moi que ma femme, qui resta d'autant plus volontiers qu'elle était loin de croire les affaires de l'Empereur aussi mauvaises qu'elles l'étaient en effet, et qui repoussait toutes nos prévoyances par l'idée qu'elle s'était dès longtemps inspirée de la toute puissance de Napoléon que la fortune pourrait éprouver, mais qu'elle ne pourrait jamais abattre.

M. Turc s'annonça dans le Grand-Duché par une recherche des marchandises anglaises. Il tenait un *auto-da-fé* de ces infâmes marchandises, d'abord pour un acte fort glorieux en soi, et ensuite très-sage en économie politique. Dans la détonation de son zèle, il fond un beau matin sur les cotons en laine qui se trouvaient dans le Grand-Duché et les saisit en totalité, comme marchandise anglaise. Un méchant enchanteur qui aurait d'un coup de baguette paralysé les bras à dix mille ouvriers n'aurait fait ni mieux ni pire. Je n'en suis pas sitôt informé que je cours chez ce Turc à qui je remontre tout le mal qu'il vient de faire. Il n'en est point ému et m'exhibe je ne sais quelle lettre de M. Colin de Sussy[*], où il est dit qu'il doit arriver de Cuxhaven des marchandises anglaises dans le Grand-Duché et qu'il ne doit pas balancer à les saisir quelque part qu'elles se trouvent. J'ai beau lui répéter que tout ce qu'il a saisi est bien marchandise anglaise, mais vendue publiquement à Francfort au nom de l'Empereur, qui en a touché la valeur, que l'identité résulte du procès-verbal de vente qui donne un numéro à chaque ballot, en relate le poids, en indique la

<hr>

[*] Ministre du commerce en France depuis 1811.

(Note du Directeur.)

forme, en nomme l'adjudicataire; et qu'enfin tous ceux de ces ballots qui n'ont pas encore été éventrés ont reçu le plomb de la douane française en sortant de Francfort et celui de la douane du Grand-Duché lorsqu'ils y sont entrés. Le Turc convient de ces faits; mais il répond qu'ils ne lavent pas l'origine anglaise. Et à tout ce que peut m'inspirer ce comble de l'injustice et de la barbarie, mon homme de me répondre : « Je ne dis pas le contraire, mais cela ne lave pas l'ori- » gine anglaise. » Je lui demande ce qu'il va faire de milliers d'ou- vriers sans travail. Il me répond que cela ne le regarde pas. « Cepen- » dant, lui dis-je, cela regarde quelqu'un, moi peut-être; et veuillez » écouter mon dernier mot : Je vous somme de délivrer, malgré votre » saisie, à chaque manufacturier sur qui elle pèse, autant de coton » par jour qu'il lui en faut pour occuper ses ouvriers. Si vous ne le » faites pas, et partout où cela va vous être demandé, c'est moi qui » m'en chargerai. L'Empereur ne m'a point encore ôté la disposition » de la force armée ici, et j'en userai même contre vous pour pré- » venir une révolte. — Mais, monsieur, que me ferez-vous : je suis » envoyé ici par l'Empereur. —Monsieur, toute menace de ma part » serait fort déplacée... Je ferai, et je vous le répète, même contre » vous, tout ce qu'exigera le maintien de la tranquillité du Grand- » Duché. — Dans ce cas, prenez un arrêté qui mette ma responsa- » bilité à couvert. — Cela est juste. » Je prends, en rentrant chez moi, un arrêté qui prescrit à M. Turc ce que je l'avais prié d'accorder. Il obéit. Cependant les cris s'élevèrent de toutes parts. Je renvoie les criards; ceux-ci à M. Turc, ceux-là à M. d'Argout; mais je ne palliais même pas le mal en essayant de me mettre à couvert. Je vis qu'il fallait agir : j'unis ma voix à celles des réclamants. J'adressai mémoire sur mémoire à l'Empereur et par lesquels je lui mettais sous les yeux et lui attestais la vérité tout entière. Aucune réponse. Je pris le parti d'envoyer à Dresde, où il était alors, quatre des principaux intéressés dans les saisies à qui je recommandai de ne pas revenir de Saxe avant qu'on leur eût rendu justice. Je leur avais donné la lettre la plus pressante pour le duc de Bassano. Mes députés en furent accueillis à merveille. Ils eurent l'insigne honneur de dîner à la table de M. le mi- nistre secrétaire d'Etat. Mais ils ne purent pas arriver à l'Empereur et repartirent sur la parole du duc de Bassano que l'Empereur s'en rap- portait entièrement à moi et que tout ce que je ferais serait approuvé. Ils reviennent à Dusseldorf avec une confiance désespérante pour moi. Je ne sais plus comment m'y prendre pour leur persuader que tout ceci n'est pas un jeu convenu entre l'Empereur, le duc de Bassano et moi. Je les renvoie à M. Turc, en leur engageant ma parole que s'il consent à faire la remise des marchandises saisies, je vais l'ordonner. M. Turc répond que ces marchandises ne sont nullement sous ma juridiction, qu'il en doit compte à l'Empereur et à M. Colin de Sussy, son ministre du commerce, et que si j'entreprends de les reprendre d'autorité, il requerra M. le général Lemarrois, aide-de-camp de Sa Majesté, de repousser la force par la force. Ce langage était péremptoire; et ce qui l'était davantage, M. Turc, dès le lendemain, prend ses précautions et dirige toutes les marchandises saisies au delà du Rhin. Il n'excepte que quelques ballots entamés et qui pouvaient fournir du travail aux ouvriers pour une douzaine de jours, et il ne fait l'exception qu'à mes instantes supplications et sur des obligations que fournissent les manufacturiers de payer le prix de ces marchandises au taux courant, s'il en est ainsi ordonné par l'Empereur. Depuis lors, il ne vint plus de nouvelles du quartier-général, et cette cruelle mesure que je n'ose qualifier fut consommée avec tout ce qui restait d'omnipotence impériale.

L'établissement du monopole du tabac éprouvait de plus sérieuses résistances. On avait beau appendre de beaux tableaux aux armes impériales à la porte des bureaux, on brûlait et les tableaux et les bureaux; on battait les employés, et on jetait parmi les ordures le tabac que fournissait M. d'Argout et dont les Allemands avaient juré entre eux de ne jamais faire usage. Ce tabac était au reste détestable. Bientôt des bandes se formèrent dans le dessein ou sous le prétexte de cette résistance. Elles devenaient inquiétantes et je pris sur moi de donner secrètement l'avis aux employés du monopole de ne pas engager la guerre et de renvoyer à des temps plus calmes l'exercice de leurs emplois. Mais tandis que je me repliais de mon mieux sur les voies de douceur et par des concessions nécessaires, le général Lemarrois recevait l'ordre d'organiser des commissions militaires et d'y traduire sans pitié ceux qui exciteraient quelque désordre. Les ordres qu'il recevait sur ce point étaient tellement rigoureux qu'ils ne pouvaient s'expliquer que par la crainte qu'avait l'Empereur qu'il ne s'établît en avant de ses armées des insurrections qui auraient rendu difficile leur retour en France. L'humanité du général Lemarrois tempéra heureusement la rigueur de ces ordres. Il partageait en tout ma manière de voir et de sentir. Rien ne put cependant s'opposer à l'établissement des commissions militaires, et il a bien fallu y traduire des hommes pris les armes à la main et coupables de violences criminelles. Il en coûta la vie à deux de ces hommes. Ce n'était pas trop, si on considère les troubles avec lesquels nous étions aux prises; mais c'était mille fois trop, parce que les choses en étaient déjà à ce point que les peines n'étaient plus des exemples.

A cette époque l'Empereur fit conduire à Wesel un comte de Bentheim, non pas celui que nous avons vu si paré et si ridicule à la cour impériale, mais un membre de cette famille, lui-même riche et accrédité dans la partie de la Westphalie qui est voisine du duché de Passembourg. Depuis que ce pays avait été réuni à la France, le comte de Bentheim avait rempli la place de maire, et s'était plié de bonne grâce aux fonctions de magistrat dans une commune où il exerçait auparavant les droits de souveraineté. Il était accusé d'avoir neutralisé les efforts de douaniers français dans la poursuite contre l'introduction à main armée de marchandises anglaises sur le continent. L'accusation tombait à faux, car les marchandises n'avaient pas été introduites; mais ce premier point obtenu, le comte de Bentheim avait fait ce qui avait dépendu de lui pour mettre fin à un engagement désormais sans objet. Sa conduite se recommandait par la prudence et l'humanité; il faut qu'elle ait été odieusement défigurée dans des rapports à l'Empereur, car je reçus à ce sujet, en même temps que le général Lemarrois, des ordres qui causèrent autant de douleur à l'un qu'à l'autre. Je fis ce que le général ne pouvait pas faire, j'allai droit au général Vial, président de la commission; je lui présentai cet ordre, et après qu'il en eut achevé la lecture, je le fixai en gardant le silence. Monsieur, je vous entends, me dit ce général; soyez tranquille; je ne souillerai pas mes cheveux blancs, et j'espère que pas un de mes collègues ne se conduira autrement que moi; de vieux soldats n'entendent pas le style de cette lettre. — L'affaire fut plaidée; le comte de Bentheim se défendit lui-même. Au début, il se montra embarrassé, et même un peu tremblant. Le capitaine rapporteur ne poursuivait rien moins que la peine de mort. « Monsieur le comte, lui dit le président, remettez-vous, les militaires français n'effraient que sur les champs de bataille; partout ailleurs ils rassurent. » — M. de Bentheim prit en effet de l'assurance, et plaida sa cause parfaitement bien. Il eut une seule voix contre lui qui le condamna par une sorte de méprise : il fut acquitté par le reste de la commission; mais le cas d'acquittement avait été prévu, et pour ce cas il était ordonné de le retenir et de l'envoyer en France. On en usa de la sorte, et je retrouvai le comte de Bentheim à Vincennes, à l'époque du gouvernement provisoire; j'eus la satisfaction d'y présenter sa mise en liberté.

Cependant la bataille de Leipsick survint. Quand j'ai les détails de cette triste sœur de la bataille, ou plutôt du passage de la Bérésina, je ne fais aucun doute que les Français seront repoussés au-delà du Rhin, et que c'en est fait de leur établissement en Allemagne. Je ne réfléchis plus qu'au moyen d'évacuer le Grand-Duché d'une façon encore honorable. Je pouvais, dès lors, préparer des fonds pour le départ, en apportant quelque retard dans l'acquittement des dépenses, en disposant d'effets mobiliers ou en créant des anticipations; mais la réunion de ces moyens ne pouvait pas mener loin; leur emploi devenait compromettant pour le peu de séjour que j'avais encore à faire en Allemagne, et il contrastait trop avec la conduite loyale que j'avais tenue jusque-là. Je résolus donc de ne rien changer à la marche de mon administration, et de n'aller ni plus vite, ni plus lentement qu'auparavant. Tous les yeux étaient fixés sur moi plus attentivement qu'à l'ordinaire, et la confiance se soutint lorsqu'on me vit recevoir, payer, disposer et même prévoir comme dans les temps ordinaires; j'envoyai au conseil d'État le budget de 1814, en l'invitant à s'en occuper sans délai.

Mais j'eus bientôt sur les bras l'une des plus déplorables suites de la bataille de Leipsick; on fut réduit à évacuer promptement jusqu'aux bords du Rhin les hôpitaux de l'armée française; ils étaient combles de malades et de blessés sur lesquels le typhus exerçait de cruels ravages. M. Daru m'écrivit pour savoir combien je pouvais recevoir de ces malades : j'en demandai cinq cents pour n'en avoir que mille; mais le premier envoi dont je fus menacé devait déjà en contenir seize cents. On ne m'avait fourni à l'avance ni mobilier, ni pharmacie; on m'expédiait des hommes mourants et des officiers de santé; c'était à moi à pourvoir au reste. J'ai éprouvé, nombre de fois, mais surtout celle-ci, que l'extrême nécessité fournit des ressources dont on ne s'aviserait même pas dans un temps calme. En une semaine je me procurai tout ce qui me manquait pour monter mes hôpitaux; ensuite la Providence me mit sous la main le docteur Abel pour diriger le traitement. Abel est un Prussien de l'école du Grand Frédéric, à la cour duquel il a demeuré quelque temps; homme instruit, de beaucoup d'esprit, et admirateur passionné de la littérature française, il ne l'est pas, à beaucoup près, de notre médecine, dont il attribue la timidité à l'ignorance. Il me demanda si je voulais le débarrasser de ce tas de vauriens qu'on appelle, parmi nous, des officiers de santé, et le laisser entièrement maître du traitement sanitaire. Je lui donnai carte blanche. « Vos gens, me disait-il, sont malades de deux choses : de la détestable nourriture qu'ils ont prise depuis un mois, et de leur entassement dans des hôpitaux horripilants; c'est là qu'ils se sont empoisonnés et qu'ils continueront de l'être si je n'y mets ordre. » La saison était belle encore et la température fort sèche; le docteur plaça ses malades dans les cours du château de Bensberg et dans le jardin de Benrath, et sévèrement séparés les uns des autres. On les avait pourvus de capotes qui les mettaient à l'abri du soleil pendant le jour, et de la fraîcheur de la nuit, et les précautions étaient prises pour qu'ils fussent, en cas de pluie, rentrés promptement dans les appartements. Quand on commença de placer ainsi ces malheureux à la belle étoile, ils se crurent jetés là pour une mort prochaine, et crièrent de tout ce qui leur restait de forces; mais quand ils me virent parcourir les rangs et donnant des ordres pour maintenir ce régime, ils se rassurèrent. On leur administrait pour tout remède du bouillon et du vin, en mesurant les doses sur les forces des malades. Nous en perdîmes assurément, et en assez grand nombre, mais ce nombre n'approchait pas de celui qui succombait dans les hôpitaux fermés de Mayence, de Cologne et de Wesel. Nous nous débarras-sâmes assez promptement du typhus, et ensuite les blessés n'eurent besoin que de patience et de régime. Les magistrats français qui furent chargés de l'organisation et de la surveillance de ces hôpitaux empestés, s'y portèrent avec un dévouement parfait; quelques-uns y succombèrent; pas un ne s'enquit du danger. Jean-Bon-Saint-André se jeta à Mayence à travers les bandes de malades qui lui tombaient à chaque instant sur les bras. Il m'écrivait pour me demander de lui envoyer, par courrier, le détail du traitement adopté dans le Grand-Duché, et dont il entendait dire merveille. Sa lettre était datée d'un hôpital, je lui répondais d'un autre. Il n'ouvrit pas la mienne : à l'instant où elle arriva il venait d'expirer, victime d'un zèle emporté jusqu'à l'imprudence. Ainsi finit le vieux membre du comité de salut public, laissant des regrets universels dans le département de Mont-Tonnerre, qu'il avait administré avec un succès remarquable, et donnant à ceux qui l'avaient connu particulièrement le droit de penser que ses égarements politiques les plus effrayants prenaient leur source dans un amour mal ordonné de l'humanité.

Ces débris sanglants de notre armée ne faisaient que précéder de quelques jours le corps de l'armée elle-même qui se retirait sur le Rhin, si on peut appeler de ce nom des troupes éparses qui gagnaient comme elles pouvaient le lieu de retraite qui leur était naturellement indiqué. Le royaume de Westphalie avait cédé aux insurrections partielles qui précédèrent l'arrivée des troupes de la coalition, et le roi avait été contraint de fuir avec la cour. Il s'était dirigé sur le Grand-Duché de Berg, parce qu'il supposait que l'Empereur aurait la volonté et la force de le défendre. Je ne fus averti de son arrivée à Mulheim que par le courrier qu'il m'expédia de ce lieu même. Il était neuf heures du soir quand je reçus la nouvelle, et je montai à cheval à l'instant même pour me rendre auprès du roi *. Je le trouvai accompagné de ses ministres des affaires étrangères et de la guerre, et encore entouré des oripeaux de la royauté. La maison qu'il occupait était remplie de gardes-du-corps, dont le costume théâtral et chargé d'or allait mer-veilleusement à la circonstance; on trouvait des chambellans sur les escaliers à défaut d'antichambres, et tout cela ne ressemblait pas mal à une troupe de comédiens de campagne qui répétaient une tragédie.

* Après la paix de Tilsitt, en 1807, l'Empereur avait envoyé à Cassel les con-seillers d'Etat Beugnot, Siméon et Jollivet, pour y organiser le royaume de Westphalie. (*Note du directeur*).

C'en était une bien grande que celle qui se jouait alors, mais le roi de Westphalie et son royaume n'en formaient qu'un épisode assez léger. Introduit auprès de Sa Majesté dans les formes et par le premier chambellan, je la trouvai violemment agitée; je laissai le roi Jérôme me prouver que le désastre dont princes, sujets, ministres, nous étions tous victimes, devait être attribué à son auguste frère. Ce premier point n'était pas trop contestable, surtout si on commençait par accorder que tout ce que princes, sujets, ministres, perdions ou allions perdre, nous était arrivé du même côté; ensuite le roi Jérôme s'étendit sur les offres qui lui avaient été faites par les puissances coalisées pour l'engager à entrer dans la coalition. On ne lui garantissait pas seulement le royaume de Westphalie tel qu'il est, mais on lui promettait de l'agrandir considérablement aux dépens de la Saxe ou de la Hesse grand ducale. Il a rejeté de bien haut de pareilles offres, mais, pour parler vrai, il en a quelquefois des regrets, lorsqu'il voit tout compromettre, tout perdre par une opiniâtreté sans excuse. Je réponds que le roi a certainement pris le parti le plus noble, celui qui lui promet la meilleure place dans l'estime des contemporains et dans l'histoire, mais qu'au fond il n'aurait pas été contraire à la politique de l'Empereur que son frère gardât une principauté importante en Allemagne, parce que cela aurait pu, au besoin, diviser des intérêts qui n'étaient forts que par leur unité. Le roi me répondit qu'il y avait songé, mais qu'il avait fait passer avant tout l'honneur. Il n'était pas assuré que Sa Majesté westphalienne eût eu l'alternative, mais enfin on pouvait conclure de ce qu'elle disait le parti honorable qu'elle n'aurait pas manqué de prendre si elle eût eu la liberté du choix. Cette entrée en matière, tout intéressante qu'elle était, ne résolvait rien sur le moment actuel : il s'agissait de décider quelle route allait prendre le roi. La retraite au-delà du Rhin lui déplaisait fort; il se persuadait que tout ne serait pas perdu aussi longtemps qu'il aurait le pied en Allemagne; mais en le suppliant de disposer de moi pour tout ce qui pourrait lui convenir du Grand-Duché, je lui démontrai assez bien que les armées coalisées l'auraient occupé dans quinze ou vingt jours. A défaut du Grand-Duché, le roi opinait pour une retraite en Hollande. Facilement encore, je fis voir que la Hollande ne tiendrait guère plus longtemps que le Grand-Duché, et que si le roi se dirigeait de ce côté, il suivrait seulement le chemin le plus long pour rentrer en France. A mon avis, il ne restait au roi qu'un parti à prendre, celui d'aller droit à ses terres de France, et d'y rester jusqu'à l'ouverture de la campagne prochaine, époque peu éloignée où le rôle du roi Jérôme était tout tracé, de vaincre avec son frère ou de mourir à ses côtés. Le roi reçut très-bien mon opinion; je le savais digne de l'entendre, car j'avais remarqué chez lui, à travers les emportements de

la jeunesse, de la loyauté et de la résolution; mieux préparé, je ne
doute pas qu'il n'eût porté le fardeau de son nom, si lourd qu'il était.
Il partit le lendemain et prit la route de Hollande. Il était deux heures
du matin quand notre conversation finit; je remontai à cheval et repris, avec un seul domestique, la route de Dusseldorf. Le roi en était
effrayé pour moi, et voulait, à toute force, me donner une escorte. Je
le suppliai de me permettre de ne pas l'accepter, parce que je serais
mieux défendu par mon obscurité, et même, au besoin, par les dispositions de la population.

Depuis ce jour mon hôtel, à Dusseldorff, devint l'auberge de mes an-
ciennes connaissances de Cassel, qui arrivaient, les unes après les
autres, toutes également étourdies de leur fuite précipitée, mais sans
qu'aucune désespérât de rentrer à Cassel au printemps prochain. Mes
prophéties étaient fort opposées, aussi m'apercevais-je que des gens
arrivés chez moi, avec l'espèce de satisfaction que donne la confiance,
me quittaient inquiets et attristés; on m'accusait de voir en noir et de
désespérer du génie de l'Empereur. Que ces illusions soient restées
dans des esprits communs, on le conçoit, mais je ne revenais pas de
les voir partager par M. Siméon, dont la raison pure et élevée est
passée en proverbe. Il quittait le ministère de l'intérieur de Westphalie, et ne consentait pas à discuter avec moi ce que nous devien-
drions l'un et l'autre quand nous serions de retour à Paris où il ne
resterait rien à faire à tous deux; il persistait à se confier dans le génie
de l'homme, et ne voulait pas m'accorder que ce génie admirable pour
préparer et exploiter la victoire, ne se retrouvait plus pour supporter
ou réparer une défaite. Je jouis de la société de M. Siméon jusqu'au
moment de l'approche des armées ennemies, et elle me faisait oublier
ce que cette circonstance avait de pénible; enfin, les ennemis s'avançaient par journées d'étape, et nous pouvions calculer juste le jour où
ils entreraient dans le Grand-Duché. Il fallut en venir à des soins bien
différents de ceux qui nous avaient occupés jusque-là, à rechercher
les moyens de rendre le passage du Rhin difficile à l'ennemi. Tous les
bateaux dont il aurait pu se servir furent repliés et consignés sur la
rive gauche; on en fit autant du pont volant, et on porta à Neuss,
avec toute la célérité possible, tout ce que contenait l'arsenal de Dusseldorf. Je donnai l'ordre de faire passer sur la rive opposée du fleuve
ce qui appartenait au prince, et dont l'ennemi pouvait se servir
comme instrument de guerre; je ne dérangeai rien au reste du mobilier; je n'enlevai ni le vin qui était dans les caves du prince, ni les
meubles récemment arrivés de Paris et que je destinais à l'hôtel de la
Résidence; je ne touchai point à la bibliothèque et au cabinet de des-
sins, l'un des plus précieux de l'Allemagne. Cette conduite fut ap-
préciée, aussi je fus obéi, et j'ose ajouter respecté, dans ces temps de

faiblesse et de malheur, comme je l'avais été au plus fort de notre puissance et de notre prospérité.

Les troupes françaises qui opéraient leur retraite arrivèrent. Je fus averti que déjà elles occupaient le jardin de la Cour et qu'elles étaient en train d'en couper les arbres pour le service de leur cuisine et des barraques. J'avais planté ces arbres dans des temps plus heureux et sans songer qu'ils devaient tomber sous la hache de Français s'échappant de l'Allemagne au pas de course. Le jardin de la Cour, placé en avant de l'hôtel de la Vénerie, était la seule promenade publique qu'eut la ville de Dusseldorf lorsque j'y arrivai. Je m'occupai sur-le-champ de l'embellir. C'était une maladie heureusement commune parmi les administrateurs français de cette époque, que de laisser quelque monument de leur passage dans les lieux où ils avaient été placés, et l'émulation qui régnait entre eux en ce point a singulièrement contribué à arracher les villes de la France à leur ancienne barbarie. Le jardin que j'avais trouvé à Dusseldorf avait été planté comme tous ceux de son époque, en allées droites bordées de charmilles, et avait pour ornement trois ou quatre statues de mauvais goût et des ifs taillés en bêtes ou en hommes. Les habitants de la ville tenaient singulièrement à la conservation de ce jardin dans l'état où il était, d'abord parce qu'à leurs yeux il était magnifique, et ensuite parce qu'il abritait dans cet état un grand nombre de rossignols, dont on craignait la destruction si on touchait aux charmilles, aux ifs si bien tail lés. Je ne tins compte ni de ces appréhensions ni de ces goûts; je culbutai ce jardin pour lui donner un caractère plus libre et des accessoires mieux entendus. Le *tolle* fut général contre moi pendant l'hiver, mais au printemps les rosssignols me furent en secours. Ils revinrent tout aussi nombreux et chantant leurs amours encore plus haut que l'année précédente. Ils réconcilièrent avec moi la population, qui finit par s'habituer à des pelouses fraîches et bien arrosées et à des bosquets où ne manquaient au besoin ni l'ombre ni le silence. L'ancien jardin n'obtint bientôt plus de regrets que de deux ou trois vieux politiques, qui ne voulaient pas qu'on pût raisonner juste dans des allées de travers. C'était cette création de mon goût qui se trouvait soudainement attaquée par l'arrivée des troupes françaises. J'accourus sur la place; j'y trouvai un colonel à qui je remontrai combien, en tout pays, la destruction du jardin public d'une ville était cruelle pour les habitants; mais nous étions, non pas dans un jardin de la ville de Dusseldorf, mais dans celui de l'Empereur. C'est d'après ses ordres, à ses frais et pour l'embellissement de l'un de ses palais, que le jardin a été planté; il serait par trop étrange qu'il fût désolé par ses troupes. Le colonel, sans contester mon beau dire, se retrancha sur le besoin qu'il avait de bois à l'instant même, pour chauffer les marmites et disposer les baraques. Je lui proposai de faire entrer les troupes dans la ville et de les y loger, ce qui le dispenserait de bivouac, et en tout cas d'accepter tout le bois dont il aurait besoin et qui allait être amené à l'instant même sur la place. Je n'ébranlais toujours pas le colonel, qui me dit qu'il était en présence de l'ennemi, ce qui lui imposait la nécessité de bivouaquer, et que le bois que je lui proposais serait peu propre à l'emploi qu'il en voulait faire, parce que le bois sec chauffe moins que le bois vert, et que c'est surtout de ramée dont on a besoin pour faire des baraques. Je ne savais que ré- pondre à ces arguments tirés de la nature du calorique et des convenances de l'architecture militaire, lorsque le général Damas survint. Il devina mieux que moi ce dont il s'agissait, et me dit de retourner chez moi et qu'il allait arranger cette affaire. Il vint m'y rejoindre et me proposa d'envoyer à l'instant même, sur la place où stationnaient les troupes, le double de ce qu'il fallait de bois pour chauffer les marmites et de planches de sapin pour élever les barraques, et d'y joindre pour ce dernier emploi toute la toile d'emballage qu'on trouverait dans la ville, et enfin de mettre cent louis à sa disposition. A ces conditions, il me garantissait le salut du jardin. Je me hâtai de les remplir, et le jardin fut sauvé. Je peux donc dire que ce jardin de la Cour, qui est aujourd'hui l'un des plus agréables de l'Allemagne, me doit doublement l'existence.

Tel est l'excès de notre prévention pour ce qui est notre ouvrage, que j'étais dans le ravissement pour avoir préservé un jardin que deux jours après je devais quitter, peut-être pour ne jamais le revoir, mais à coup sûr pour ne plus le posséder. J'ordonnai une distribution de vin aux troupes françaises, à raison d'une bouteille par homme. Cette largesse apparente me coûtait peu, car j'allais être forcé d'abandonner à l'ennemi le vin dont je disposais encore ce jour-là. Le général Damas prévoyant que cette distribution, à laquelle il s'était d'abord opposé par prudence, allait semer beaucoup et peut-être trop de gaîté dans le bivouac, me proposa de l'aller visiter à l'heure du dîner. J'y allai dans sa compagnie et dans celle du général Marx. Je ne revenais pas de la promptitude et de l'habileté avec lesquelles les baraques avaient été construites. Ces soldats, qui venaient de subir la cruelle défaite de Leipsick et une longue retraite avec ses privations, ses douleurs et ses dangers, n'avaient rien perdu de cette jovialité et de ce sans-souci qui caractérise le soldat français. Je recueillis là, même pour mon compte, de bons propos frappés juste à l'empreinte du corps-de-garde et du bivouac. Les généraux qui m'accompagnaient voulaient bien me céder le pas, ce qui inquiétait beaucoup les soldats sur ma qualité. Ils se demandaient « *quel est donc le grand qui a* » *l'habit ferré en blanc ! — Veux-tu bien te taire,* répondait un autre,

» *c'est le ministre de l'Empereur. — Tiens, le ministre de l'Empereur !*
» *On sait bien d'où il vient, celui-là. 'Il est tiré des grenadiers*. —*
» *Et qu'est-ce qui t'a dit que ce n'était pas des tambours-majors ? —*
'» *Oh ! ma foi non ! s'il venait des tambours-majors, il ne nous aurait*
» *pas donné du vin, il aurait tout bu. — Moi, c'a m'est égal, d'où qu'il*
» *vienne, mais je voudrais bien que l'Empereur fournît un grand mi-*
» *nistre comme celui-là partout où je passe, etc. »*

Je quittai la place, distrait moi-même par la bonne humeur et les bons propos de corps-de-garde. Je trouvai que ces premiers passants étaient tout à fait bons diables.

Le lendemain, nouvelle affaire. C'est le général Rigaud qui arrive, conduisant la division de l'armée qui doit faire sa retraite sur Wesel, et qui annonce qu'il n'a que quarante-huit heures d'avance sur l'armée ennemie. Celui-ci ne perd pas le temps à batailler pour du bois vert ou du bois sec. Il frappe une contribution de guerre de quatre millions, payable en vingt-quatre heures. Je demande une entrevue au général, et je lui propose l'hôtel que j'habite comme le lieu de réunion des autorités civiles ou militaires qui relèvent de l'Empereur. Le général hésite et prétend que c'est à moi à l'aller chercher à l'hôtel-de-ville, où il est en train d'opérations. Il m'était fort difficile d'accepter la conférence en un pareil endroit, où j'allais me trouver en face des magistrats municipaux et des habitants consternés. Je supplie le général de m'indiquer tout autre local : il prend son parti et se rend chez moi; mais, dès le début, j'entrevois que la négociation finira mal. Le général commença par s'étonner lui-même de la complaisance qu'il avait eue de se rendre à mon invitation, et me pressa de lui fournir sans délai les moyens que j'avais de faire réussir sa contribution. Les objections ne me manquaient pas contre le droit que prétendait avoir le général; mais le droit était la chose du monde dont il se souciait le moins. Il avait d'ailleurs un argument favori auquel il revenait toujours. De deux choses l'une, disait-il; ou l'Empereur reprendra votre Grand-Duché, et alors on s'entendra avec ceux qui auront avancé la contribution; ou il ne le reprendra pas, et c'est autant d'emporté sur l'Allemand ou sur l'ennemi. Battu sur le droit, je me retranchais sur le fait, et je faisais observer au général Rigaud, qu'en vingt-quatre heures qu'il devait passer à Dusseldorf, il était tout à fait impossible de lever une contribution, je ne dis pas de quatre, mais d'un million, mais de cent mille francs, parce que les habitants aisés avaient quitté la ville depuis un mois, emportant avec eux ce qu'ils avaient de précieux, en sorte qu'on n'aurait même pas le triste expédient de prendre des otages. A cela, le général ne prenait pas la peine

---

* L'auteur était d'une taille très-élevée. (*Note du Directeur.*)

de répondre et me sommait de l'aider de mes moyens. Je n'en ai d'aucune sorte, lui disais-je, et, s'il m'en restait, je vous avouerai franchement que je ne les emploierais pas à lever une contribution sur les sujets de l'Empereur. — Je le crois bien, reprit le général. J'ai l'honneur de vous connaître, et je sais que vous êtes plus Allemand que Français. — Je n'ai pas, lui répondis-je le même avantage à votre égard, et j'en suis peu jaloux. » Sur cela, je me lève; le général en fait autant. Je lui ouvre la porte de mon cabinet et je le reconduis jusqu'à l'escalier, sans avoir l'air d'entendre les propos grossiers dont il payait ma politesse. Il n'était pas au bas de l'escalier, qu'une députation de l'hôtel-de-ville arrivait pour savoir si j'avais fléchi le général. Je répondis qu'il était inflexible, et je traçai le plan de conduite à tenir. Fournir à l'armée les vivres et le logement; y ajouter du vin, comme on avait fait la veille; traiter les individus avec toutes sortes d'égards; exprimer au général le regret de ne pouvoir mieux faire, et ne pas lui payer un sou de contribution. Le général revint à l'hôtel-de-ville, où, après beaucoup de bruit, de tapage et de menaces, il s'assit avec ses officiers à un excellent dîner qui lui avait été préparé. Je fus fort mal traité de propos à ce repas. On se promit, dit-on, de me mettre à la raison, quand nous serions rentrés en France. Depuis lors, je n'ai plus entendu parler du général Rigaud, qui, vaincu par la force des choses, dut se convaincre qu'en défalquant des vingt-quatre heures qu'il avait à passer à Dusseldorf, le temps d'un bon dîner et du sommeil qui y succède assez ordinairement, il ne lui en restait plus assez pour mettre à fin une contribution de quatre millions.

Le lendemain matin, le général Rigaud prit la route de Wesel. J'étais tenu au courant de la marche des armées ennemies. Je vis que je n'en étais séparé que par vingt-quatre heures, et je songeai aussi à faire ma retraite. J'avais laissé à l'hôtel de la Résidence les domestiques dont le service m'était désormais inutile. Je donnai l'ordre à mon maître-d'hôtel de préparer le lendemain un dîner et des appartements au comte de Saint-Priest, commandant du corps d'armée russe qui allait occuper Dusseldorf. J'avais eu le même précepteur que le comte de Saint-Priest, et cela avait établi quelques rapports entre nous durant notre jeunesse. Il fut fâché de ne pas me trouver à Dusseldorf lorsqu'il y arriva, et dit que je n'avais manqué à la bonne politesse française qu'en ne restant pas là pour lui faire les honneurs de mon dîner. Mes arrangements de départ furent faits avec autant de calme que s'il se fût agi de mon arrivée. Le pont-volant quitta la station de Neuss pour venir me prendre, et je fus reconduit, pendant la traversée du fleuve, jusqu'à la ville de Neuss par des habitants de Dusseldorf, qui semblaient avoir oublié leur nationalité, à la sincérité des regrets qu'ils me témoignaient et aux égards touchants dont j'étais le sujet. Ainsi j'ai quitté, après six ans de séjour, cette belle contrée de l'Allemagne. Je n'y ai pas été exempt des variations inséparables des destinées humaines. — J'y ai éprouvé quelques plaisirs mêlés de peines; mais, à tout prendre, je compte ces six années parmi les moins malheureuses de ma vie, et je trouve du charme à y reporter mes souvenirs.

II.

J'étais arrivé à Neuss entouré d'une petite colonie d'employés français, et même de quelques Allemands qui suivaient ma destinée, comme s'il m'en fût resté une. Nous étions logés fort à l'étroit et d'une manière incommode; la position n'avait de mérite que le voisinage du Grand-Duché, circonstance qui bientôt devint indifférente. Je pris le parti de me rendre, avec mon monde, à Aix-la-Chapelle; j'y établis un bureau afin de correspondre avec des agents que j'avais laissés dans le Grand-Duché pour préparer les comptes de la gestion extraordinaire que l'évacuation avait occasionnée. Je congédiai ceux des employés qui m'avaient suivi et qui n'avaient pas trouvé place dans ce bureau, en distribuant à chacun d'eux trois mois d'appointemens par forme de gratification. Je rendis compte de ces dispositions à Paris, elles furent approuvées. L'Empereur trouva bien mon établissement d'Aix-la-Chapelle, et j'en reçus en même temps l'ordre de me rendre au quartier-général du maréchal Macdonald, qui n'en était distant que de six lieues, afin de m'entendre avec lui sur les choses dont il aurait besoin pour organiser l'armée qui se réunissait sous ses ordres. Je me rendis auprès du maréchal, et lui fis part de ma mission. « Voulez-vous, me dit-il, passer mon armée en revue? cela ne sera
» pas long; elle se compose, quant au personnel, de ma personne
» que vous voyez déjà, et de celle de mon chef d'état-major, le général
» Grundler, qui va paraître, et à l'égard du matériel, il consiste, jus-
» qu'à présent, en quatre chaises de paille et une table de sapin. J'é-
» cris tous les jours à Paris que c'est une mauvaise plaisanterie que
» d'appeler ce que vous avez sous les yeux l'armée du maréchal Mac-
» donald; je demande, à grands cris, une armée réelle, parce que je
» suis loin de partager l'opinion générale que l'ennemi ne passera pas
» le Rhin. Il me suffit de voir la direction qu'il donne à ses troupes,
» et qu'elles vont suivre, même au fort de l'hiver, pour me convaincre
» que le Rhin même n'est pas le terme de leur marche; et ma foi, si
» l'Empereur n'a à lui opposer que des armées de la force de la
» mienne, l'ennemi pourra bien ne s'arrêter qu'à Paris. Voilà,
» ajouta le maréchal, ce qu'il faut que vous disiez et que nous di-

» sions tous à l'Empereur, car le danger est extrême et le moment des
» vanteries est passé. » Je rendis compte de ma visite, sans reproduire
la vérité toute nue ; j'insistai cependant sur la nécessité de diriger des
troupes sur le Rhin où facilement on trouverait à les faire subsister.
Le seul besoin que l'on peut éprouver ici, disais-je, c'est celui de
soldats.

De retour à Aix-la-Chapelle, j'y repris les travaux de ma comptabi-
lité et la mise en ordre des archives du Grand-Duché dont je m'étais
fait suivre. Ce séjour n'était pas sans agrément à cette époque ; on y
voyait refluer les Français qui avaient occupé des places durant l'oc-
cupation de l'Allemagne, et on trouvait parmi eux des hommes instruits
et bons à entendre. Le lieu de réunion était la maison de M. le préfet
Ladoucette, qui ne manquait à aucune des obligations que les circonstances lui imposaient et les remplissait avec noblesse ; je l'avais
connu en des temps prospères et qui étaient encore si près de nous,
lorsqu'il exprimait à la belle Pauline un sentiment dont à côté d'elle il
était mal aisé de se défendre. Les temps étaient bien changés à mes
yeux, mais non pas autant à ceux de M. de Ladoucette, qui croyait,
et presque tous les habitants de la rive gauche du Rhin avec lui,
que le fleuve était une barrière que l'ennemi n'oserait jamais franchir.
Cette opinion, partout répandue, entretenait dans les provinces du
Rhin une sécurité parfaite ; les contributions s'y recouvraient, la conscription s'y levait, enfin tous les services publics s'accomplissaient
avec autant de facilité qu'aux années d'Austerlitz et d'Iéna.

Au bout d'un mois le travail qui m'occupait à Aix-la-Chapelle était
fini, et j'implorai mon retour à Paris. M. Rœderer me répond qu'il a
sujet de croire qu'il est dans les intentions de l'Empereur que je me
tienne dans la ville la plus voisine du Grand-Duché, et tout prêt à y
rentrer dès que les armes de Sa Majesté m'en auront ouvert le chemin, et qu'il attendra, pour proposer mon retour, que j'y insiste. Je
réponds que j'ai autant que qui que ce soit l'espérance que les armes
de l'Empereur reprendront leur prépondérance en Allemagne, mais
qu'il faudra quelque temps, et que j'aurai, en tout cas, celui d'arriver
de Paris à Dusseldorf lorsque les événements sembleront me rappeler
dans la dernière de ces villes. J'insistai donc pour mon retour, qui
me fut enfin accordé, et je me rendis à Paris.

Le lendemain de mon arrivée je me présente au lever de l'Empereur. Le maître était toujours là, mais les figures, les attitudes, les
propos n'étaient plus les mêmes ; les soldats, les courtisans eux-
mêmes avaient, dans leur allure, quelque chose de triste et de fatigué.
L'Empereur me dit deux mots en passant devant moi, et m'ordonna
de rester, ce qui était me notifier une audience particulière à l'instant

même : elle ne se fit pas longtemps attendre ; resté seul avec lui, l'Empereur entama une conversation que je vais rapporter :

L'EMPEREUR.

Vous venez d'Aix-la-Chapelle ?

B***.

Oui, sire.

L'EMPEREUR.

Combien avez-vous mis de temps en route ?

B***.

Trois jours et deux nuits.

L'EMPEREUR.

Vous n'avez pas été vite.

B***.

On ne m'avait pas averti que le service de l'Empereur exigeât plus de célérité.

L'EMPEREUR.

Vous avez été à Mulheim et à Cologne ; vous avez vu le maréchal Macdonald ; il a des troupes autour de lui : combien d'hommes ?

B***.

Je ne sais pas précisément de combien d'hommes est composée l'armée de M. le maréchal Macdonald ; il se plaignait du retard que mettent les troupes à rejoindre, et il était fort impatient quand je l'ai quitté.

L'EMPEREUR.

Vous ne me répondez pas : je sais bien que vous n'avez pu compter les hommes ; vous n'êtes pas inspecteur aux revues ; mais ne serait-ce que dans la conversation, Macdonald a dû vous dire ce qu'il avait réuni de troupes ?

B***.

Je crains, sire, que ce ne soit jusqu'à présent qu'un assez petit nombre.

L'EMPEREUR.

Vous craignez? il ne s'agit pas de ce que vous craignez : ou vous ne savez pas la vérité, ou vous ne voulez pas la dire ; au moins avez-vous trouvé, sur la route, des corps et des soldats isolés qui se portent vivement sur le Rhin ?

B***.

J'ai trouvé un bataillon du 18ᵉ qui sortait de Gand, quatre déta_ chements de l'ancienne garde hollandaise, et des hommes isolés, au nombre de 150 à 200.

L'EMPEREUR.

Vous comptez fort bien les troupes en route, vous ne les apercevez pas sur le terrain; enfin, il y a ici je ne sais quoi entre le maréchal Macdonald et vous. On ne craint pas, dans le pays que vous quittez, que l'ennemi ose passer le Rhin ?

B***.

Je n'en ai vu l'inquiétude chez personne, et tout se passe dans les départements réunis que j'ai parcourus comme il se passait il y a quatre ans : on paie les contributions, on lève les conscriptions, l'ordre public n'est troublé nulle part. J'ai conseillé aux préfets, ainsi que j'y étais autorisé, d'user de ménagements; tous m'ont répondu qu'ils n'en avaient pas besoin. On pense que si l'ennemi fait quelque simulacre de passage, ce sera pour obtenir plus promptement la paix.

L'EMPEREUR.

La paix... la paix... c'est bien aisé à dire ; est-ce que je peux leur abandonner tout ce que je possède en Allemagne? J'ai cent mille hommes dans les places de l'Elbe, à Hambourg, à Dantzick; s'ils étaient assez insensés pour passer le Rhin, je marcherais à leur rencontre pour les culbuter; je réunirais mes garnisons pour tomber sur leurs derrières, et vous verriez une belle débâcle.

B***.

L'Empereur me fait-il la grâce de me permettre de rentrer à son conseil d'Etat ?

L'EMPEREUR.

Non, j'ai d'autres vues sur vous, je vous renverrai d'où vous venez, attendez des ordres ici. Vous avez apporté avec vous les papiers du Grand-Duché, mettez-les en ordre et préparez vos comptes.

Je restai à Paris, étonné moi-même de la confiance que je trouvais dans tous les esprits ; les plus difficiles désespéraient de nos conquêtes au-delà du Rhin, mais personne ne voulait croire que les alliés osassent le passer. Le seul, M. de Talleyrand, tenait l'Empereur pour perdu, soit par l'extrême envie qu'il en avait, soit que dès lors il eût, par le duc de Dalberg, des intelligences dans le camp ennemi. Cependant les événements se pressaient ; le maréchal Macdonald, qui n'avait rien à opposer aux alliés, laissait insulter de tous côtés la frontière qu'il était chargé de défendre, et il était démontré aux personnes instruites que si l'ennemi semblait hésiter sur le passage du Rhin, c'est qu'il ne voulait l'opérer qu'avec des masses capables de rendre cette mesure décisive. Les lettres que je recevais d'Allemagne ne me laissaient plus de doute sur ce point ; si je ne les communiquais pas à l'Empereur, c'est que j'étais persuadé qu'il était au moins aussi instruit que moi, et qu'il trouverait fort mauvais que je le fusse de mon côté. Sur ces entrefaites, M. de Montalivet, ministre de l'intérieur, vint me trouver, de la part de l'Empereur, pour me proposer d'aller relever à Lille le préfet, M. Duplantier, qu'une maladie chronique empêchait de continuer ses fonctions. J'accueillis assez mal la proposition, qui se réduisait au fond à me faire accepter la préfecture de Lille. D'une préfecture supérieure à celle de Lille j'étais monté au conseil d'État ; de là j'avais été employé, avec le titre et le traitement de ministre, pendant huit ans, d'abord à Cassel, puis à Dusseldorf, et dans cette dernière résidence j'avais joué un rôle de prince. Les princes mes voisins m'avaient rendu en prévenances tout ce que l'Empereur leur donnait en frayeur ; insensiblement mon esprit s'était guindé jusqu'à la morgue germanique, et telle chose me faisait pitié et presque horreur, à mon arrivée en Allemagne, que j'avais fini par trouver toute simple et presque juste. Quand je pouvais réfléchir, je me faisais pitié à moi-même, mais le doux penchant continuait de m'entraîner. Qu'on juge de ma stupeur en m'entendant proposer une place de préfet ! je traitai fort durement Montalivet, qui se contenta de me répondre qu'il allait rendre compte à l'Empereur de notre entretien ; il le fit le jour même, et je reçus le lendemain l'ordre de me rendre aux Tuileries. Trois semaines seulement s'étaient écoulées depuis ma dernière audience de l'Empereur, et ce n'était plus le même homme. On va en juger :

L'EMPEREUR.

Qu'est-ce que c'est ? le ministre de l'intérieur dit que vous ne voulez pas aller à Lille ?

B***.

Je suis toujours prêt à obéir à l'Empereur, mais lui-même sentira qu'après m'avoir fait la grâce de me nommer son ministre à Dusseldorf, et m'en avoir donné l'habit et le traitement, je ne peux plus guère être employé comme préfet ; on en concluerait une subversion, un désordre dans les affaires, dont heureusement nous sommes loin.

L'EMPEREUR.

Je l'espère bien ; mais je ne vous conçois pas, qui veut me servir doit servir où il me convient ; que vous ayez été ministre ou non, je n'en sais rien et n'ai pas le temps d'y regarder, mais si je vous envoie sous-préfet quelque part, votre devoir est de vous y rendre.

B***.

Sans doute, sire, aussi c'est uniquement dans l'intérêt de votre autorité que j'ose me permettre une observation : je crois qu'un homme qui a rempli une grande place est moins propre que tout autre à en remplir une moindre, parce qu'il arrive à celle-ci avec une couleur de disgrâce ; car enfin....

L'EMPEREUR.

Au fait, et je suis pressé.... Il faut que vous alliez à Lille ; on me dit que Duplantier se tue pour mon service, cela ne lui sert à rien, ni à moi non plus. Il a là beaucoup à faire : ce département du Nord est l'une des portes de la France. Vous avez dix places à approvisionner, les gardes nationales à mettre sur pied. Les gardes nationales sont excellentes dans ce département-là ; il faut réchauffer les habitants qui sont gens de cœur, au reste. Ne passez de marchés que le moins que vous pourrez ; faites par vous-même et par votre monde ; l'argent ne vous manquera pas. Vous aurez à faire, mais le pays est riche ; exigez ce qui sera nécessaire, rien de plus.

B***.

L'empereur peut compter sur mon zèle ; il s'accroîtrait, s'il était possible, par la confiance qu'il daigne me témoigner ; mais me permettrait-il de lui demander avec quel titre je dois me présenter dans le département du Nord ?

L'EMPEREUR.

En vérité, monsieur Beugnot, vous abusez.

B***.

Je demande mille fois pardon à l'Empereur.

L'EMPEREUR.

Il s'agit bien de titres : présentez-vous comme préfet, comme ministre, comme empereur si vous l'osez, et faites ce que je demande. Comment pouvez-vous m'occuper de pareilles fadaises, quand la tête me boût du matin au soir ? Votre Macdonald n'empêche rien, n'arrête rien ; des nuées de cosaques désolent les départements du Rhin ; il faut que j'organise la défense sur tous les points, avec quoi ? Et dans un pareil moment je vous mets l'une des clefs de la France dans la poche, et vous venez me parler de titres ! on s'occupe de cela quand on n'a rien de mieux à faire. Tout le monde me dit que vous êtes homme d'esprit, vous ne me le prouvez pas.

B***.

La faute en est peut-être à l'Empereur.

L'EMPEREUR.

Ah !...

B***.

Pourquoi m'a-t-il élevé plus haut que mon esprit ?

L'EMPEREUR.

A la bonne heure ; partez dès ce soir ou demain matin au plus tard ; vous correspondrez avec mes ministres. Si vous avez quelque chose de grave et de sérieux à me faire connaître, vous pouvez m'écrire directement, je vous y autorise. Adieu, comte Beugnot, bon voyage !

Je remis le départ au lendemain. Avant de monter en voiture j'allai prendre congé du ministre de l'intérieur, qui me dit qu'il savait de l'Empereur que j'avais enfin accepté. Il lui avait parlé de notre conversation de la veille, mais sans humeur ; « Beugnot, avait-il dit, a la » tête tournée ; c'est apparemment l'eau du Grand-Duché qui produit » cet effet-là ; il en revient aussi bête et aussi vain que Murat. »

En dépit ou à cause de ma vanité, je convins avec le ministre de l'intérieur que je conserverais le titre de ministre du Grand-Duché de Berg et de conseiller d'État, et que je me présenterais à Lille comme chargé d'une mission temporaire dans le département du Nord.

J'arrivai à Lille, où je trouvai hommes et choses également bien disposés pour ce que je venais y faire. L'administration n'y existait plus : elle avait péri sous M. Duplantier et sans qu'il y prît garde. Ce M. Duplantier était un ancien magistrat, attaché dès sa jeunesse à la famille royale, fructidorisé comme tel, et persécuté de plus d'une manière jusqu'au 18 brumaire. Il ne céda même pas dans le premier moment ; mais quand il vit que Napoléon prenait des formes monarchiques, il se réconcilia avec le nouveau gouvernement, et en obtint l'une des plus minces préfectures de France, celle des Landes. Il était à Mont-de-Marsan lorsque l'Empereur y passa en revenant d'Espagne. Le préfet, comme de raison, courut à sa rencontre. Le cheval qu'il montait était apparemment trop vif, ou le cavalier trop pesant : dans ce conflit, M. Duplantier eut l'honneur et le malheur de se casser la cuisse sous les yeux de l'Empereur, qui s'en souvint et le nomma à la préfecture de Lille, vacante à quelques mois de là. Nul homme sous le ciel ne se forma d'idées plus hautes que lui de la dignité d'un préfet : il s'occupait sans cesse de questions de préséances et de suprématie, comme seules dignes de lui, et délaissait tout le reste à ses bureaux. Facilement il avait fait endurer une morgue voisine de l'arrogance, dans une petite ville telle que Mont-de-Marsan, où rien ne pouvait lutter avec le préfet ; mais à Lille, ce n'était plus le même terrain, à beaucoup près : il avait rencontré là des autorités militaires toujours sur le qui vive avec la préfecture, un barreau qui avait ses prétentions, et une grande et riche population qu'il fallait savoir ménager. C'est à quoi le pauvre M. Duplantier n'entendait rien du tout, et alors même que sa santé ne l'eût pas condamné à la retraite, il n'était pas en état de se mesurer avec les difficultés du moment. Je lui demandai s'il y avait dans l'administration quelque affaire importante qu'il n'eût pas finie, et sur laquelle il aurait des explications à me donner ? « Une seule, me répondit-il, mais à laquelle j'attache » l'intérêt le plus pressant : c'est d'obtenir de placer dans la cour de » la préfecture deux pièces de canon. » Il me conduisit à une remise où il me fit voir ces deux pièces de canon qui portaient le nom du département et l'année où elles avaient été coulées. Je lui exprimai quelques doutes sur le succès de cette prétention ; je ne connaissais pas d'exemples et je ne trouvais pas de raisons pour orner la cour d'une préfecture d'une espèce de trophée dont les souverains étaient à bon droit avares. « Cela est possible, me répondait-il, mais voilà les » pièces coulées, les affûts préparés. J'ai marqué dans la cour la place » où on les devait poser. Déjà j'en ai écrit à M. le duc de Bassano, qui » n'a pas eu le temps de me répondre ; mais insistez et vous obtien- » drez. Vous m'en remercierez, parce qu'alors messieurs les militai- » res sauront qu'un préfet n'est pas rien dans une ville de guerre. »

3.

Chemin faisant, et en allant voir les canons, je demandai à M. Duplantier si une maison à droite de l'hôtel de la préfecture et donnant sur le jardin, mais qui en paraissait séparée, faisait cependant partie de cet hôtel : « Hélas! oui, monsieur, me répond M. Duplantier, et
» c'est cette malheureuse maison qui m'a mis dans l'état de santé où
» vous me voyez. » — Et comment, s'il vous plait? — « Comment?
» je vais vous le dire : j'avise d'acheter cette maison pour débarrasser
» mon hôtel de la conscription et de toutes ses saletés; je la paie au
» propriétaire à beaux deniers comptants; quand je veux en prendre
» possession, j'y trouve une drôlesse de femme qui prétend être celle
» du propriétaire, séparée avec lui de corps et de biens, et à qui l'u-
» sufruit de la maison a été cédé par le jugement de séparation. Tout
» cela m'était fort étranger, comme bien vous pensez : c'est la maison
» qu'il me fallait, et l'utilité publique ne souffrait pas de retard. J'en-
» voie des gens de ma compagnie départementale pour jeter la femme
» dehors; elle s'enferme, se barricade, et il y avait dix portes à en-
» foncer. J'hésite et je réfléchis qu'il est moins violent de prendre la
» drôlesse par famine. Je pose des sentinelles à toutes les portes avec
» consigne de ne laisser rien pénétrer. Un jour, deux jours, huit jours
» se passent; point de proposition de capitulation. La susdite mettait
» la tête à la fenêtre dès qu'elle m'apercevait dans le jardin, et affec-
» tait d'y chanter des couplets qui commencent par les mots : *Faut*
» *attendre avec patience ; le jour de demain c'est un beau jour.* Devi-
» neriez-vous ce qui se passait? La nuit, elle descendait par une pou-
» lie attachée à la fenêtre qui donne sur la rue un panier que sa voi-
» sine emplissait de vivres pour le lendemain, et qu'on remontait avec
» la même facilité. Si je n'y eusse mis ordre, le siége aurait duré au-
» tant que celui de Troie; mais enfin je pris mon parti, et un jour
» qu'elle me cornait aux oreilles son éternel refrain que *le jour de*
» *demain c'est un beau jour.* — Non, coquine, lui criai-je, ce sera celui
» d'aujourd'hui; et je donne sur-le-champ à ma compagnie départemen-
» tale l'ordre d'enfoncer les portes et de la jeter dehors, elle et ses meubles;
» ce qui fut fait; mais voici ce qui est incompréhensible : cette femme ne
» s'avise-t-elle pas de me dénoncer et de demander au conseil d'État l'au-
» torisation de me poursuivre en violation de domicile, dommages in-
» térêts, frais, dépens et toute la prétentaille? Je n'y fais pas d'abord
» grande attention; mais comme j'avais un voyage à faire à Paris, je
» profite de mon séjour pour parler de cette affaire à M. le duc de
» Bassano, qui me conseille d'en toucher deux mots à l'Empereur. Je
» reçois de S. M. l'engagement d'être tranquille, parce que mon affaire
» sera vue de très-près au conseil d'Etat; cependant l'Empereur et le
» duc de Bassano partent pour cette diabolique campagne de Russie,
» et je suis instruit que ma drôlesse profite de leur absence pour

» avancer son affaire contre moi. Je reçois de quelques amis le conseil
» de me rendre à Paris. Je n'en voulais rien faire, tant je trouvais dur
» qu'une femme de cette sorte obligeât un préfet de se déplacer. Enfin
» je m'y résigne. Je vois à Paris le prince archi-chancelier et l'illustre
» M. Regnaud de Saint-Jean-d'Angely, le coryphée du conseil d'État.
» Je n'en fus pas entièrement satisfait à vrai dire; mais j'étais à mille
» lieues de soupçonner ce qui allait se passer. Eh bien! monsieur, le
» surlendemain de mon arrivée, le conseil, sous la présidence de
» M. Cambacérès, et après une insolente plaidoierie du sieur Regnaud
» de Saint-Jean-d'Angely, qui défendit la drôlesse comme il défendit
» jadis les paysans de son village à vingt-quatre sous par cause, le
» conseil, dis-je, me sabra de la tête aux pieds. Voilà ce que m'a valu
» l'absence de l'Empereur, car s'il eût été là et M. le duc de Bassano,
» les choses se seraient passées bien différemment. Il ne me restait
» qu'un parti à prendre, et je le pris : je ne m'avisai morbleu pas
» d'aller traîner mon nom dans les tribunaux avec un adversaire de
» cette farine : Je payai tout ce qu'on me demanda et sans y regar-
» der. Plaie d'argent n'est pas mortelle, aussi n'est-ce pas de ce côté
» que j'ai été blessé; mais le déboire m'a fait un mal que je ne saurais
» vous dire; j'ai fait excessivement de bile; elle m'a passé dans le
» sang et m'a mis dans l'état où vous me voyez. J'en mourrai. » —
Il est bien vrai que M. Duplantier en est mort; mais il faut ajouter
cette petite circonstance que pour rétablir la bile et le sang, il se
mettait chaque jour sur la conscience deux ou trois bouteilles d'excellent vin de Bourgogne, et qu'il ne s'épargnait ni sur le café ni sur les
liqueurs. Ce doux régime réchauffait le déboire que lui avait causé
l'affaire de la maison, et les deux causes réunies déterminèrent une
hydropisie de poitrine dont il mourut deux mois après. J'avais craint
d'affliger ce brave homme en ayant l'air de le déposséder de sa préfecture, de laquelle au reste je ne me souciais pas du tout. Je lui proposai donc de garder le courant de l'administration et de me remettre
seulement ce qui tenait à l'approvisionnement des places et à la mise
sur pied des gardes nationales. Il y consentit, mais sa santé se délabra
au point que les médecins lui interdirent jusqu'à l'apparence du travail, et au bout de quelques jours il me laissa le champ entièrement
libre. Force me fut bien de prendre l'administration de ce beau département du Nord : il y avait tout à faire, et le moment était si con-
trariant que je fus forcé de laisser provisoirement les choses aller
comme elles allaient. Je me contentai de couper court à des grivèle-
ries qui s'étendaient à tous les actes de l'administration et qui avaient
élevé le produit de la préfecture à un taux incroyable, peut-être à
plus de cent mille francs, et tout cela se passait sans scrupule d'un
côté, sans réclamation de l'autre. Les frais de bureau se réduisaient à

rien, parce que ces bureaux étaient remplis de conscrits, réformés
provisoirement, et qui travaillaient avec émulation pour obtenir une
réforme définitive. Il y avait à la tête un chef qui avait la manie, fort
étrange pour sa position, de ne jamais tenir en place; homme d'esprit
au demeurant, et qui n'opérait pas mal tout en se promenant; et de
plus pour secrétaire général un moine défroqué, prêtre marié, bon
homme, et qui perdait la tête de peur. La seconde fois qu'il se pré-
senta dans mon cabinet, je le devinai à sa manière de fourrer ses
mains d'une manche de sa redingote dans l'autre, et à l'humilité
grande de son salut. Je me rappelais que jadis j'avais vu cette allure
à un simple capucin lorsqu'il abordait le révérend père Gardien. Je
tâtai ce bon homme, et quand je vis que le capucin dominait toujours
chez lui, je ne lui donnai rien à faire. Il s'en plaignait un jour avec
amertume, et me reprochait l'état de nullité où il était tombé depuis
mon arrivée à Lille. Je lui répondis : « De quoi vous plaignez-vous,
» mon très-cher? je vous ai élevé d'un cran : — Mais comment cela,
» s'il vous plaît, monseigneur? (car le pauvre diable me monseigneu-
» risait tant qu'il pouvait, et je le laissais faire.) — C'est, lui dis-je, qu'à
» mon arrivée je vous ai trouvé *moine* et que je vous ai fait *chanoine*.»
— Il prit fort bien la plaisanterie, parce qu'elle le mettait à l'aise.
Depuis lors il avouait son premier état et en parlait avec estime. Cela
me réconciliait un peu avec lui, et non-seulement je le gardai, mais
je l'imposai à mon ami Siméon lorsqu'il alla me remplacer.

En examinant la position du département du Nord, j'y vis comme
partout des hommes et des choses, mais je m'aperçus que je n'obtien-
drais par les deux à la fois. Je renonçai donc à toute levée d'hommes;
je fis plus : je laissai reparaître des jeunes gens des premières familles
du département qui s'étaient soustraits par la fuite à la levée des gardes d'honneur, je mis fin aux poursuites exercées contre leurs parents,
poursuites que M. Duplantier avait portées à une rigueur voisine de la
cruauté. Je proclamai hautement que dans l'état où pouvait d'un instant à l'autre se trouver le département, il n'avait pas de trop des bras
de tous ses enfants pour le défendre, et qu'aucun homme ne serait levé
ou enrôlé pour servir hors de ses limites. J'en obtins ce premier résultat, que partout les gardes nationales se présentèrent d'une manière imposante, et celle de Lille eût rivalisé avec les plus belles et
les meilleures troupes de ligne. Je m'étais fait inscrire dans la première compagnie de grenadiers et j'en portais l'uniforme. Le second
résultat que j'obtins fut de réaliser comme par enchantement l'approvisionnement des places fortes dont j'avais eu soin de faire la condition
de la non levée des hommes. Le ministre de la guerre avait beau me
presser de faire partir des cohortes de gardes nationales et des restes
de contingents, après lui avoir compendieusement expliqué deux fois

de suite pourquoi je n'en faisais rien, j'avais pris le parti de ne plus lui répondre. Je n'étais donc pas mécontent de ma position dans le département : les fonctionnaires publics, sans exception, approuvaient ma marche et me témoignaient de l'affection. Je les réunissais tous les mercredis pour parer aux besoins de la semaine. L'Empereur, qui m'avait tant promis que l'argent ne me manquerait pas, ne m'avait pas envoyé un sou. J'avais donc fait, après l'en avoir prévenu, main-basse sur la caisse du receveur général; chaque mercredi ce receveur me présentait l'état de sa caisse, et j'en distribuais le montant aux diverses parties prenantes, telles que le génie, l'artillerie, la solde, les dépenses d'administration, etc., etc., ainsi que l'Empereur le pratiquait lui-même pour les dépenses générales de l'État. L'occasion était bonne pour discuter entre nous l'étendue et l'urgence des besoins; nous n'avions pas à beaucoup près des ressources suffisantes pour y satisfaire; mais comme chacun était convaincu, tout le monde opérait de son mieux. La paix et le bon ordre régnaient dans le département; on supportait le présent sans murmures; on attendait l'avenir sans inquiétude. L'esprit des habitants était parfait. Nous en étions là, lorsque l'Empereur adopta la mesure d'envoyer des sénateurs dans toutes les divisions militaires pour y faire ce que j'avais fait à Lille, sans l'assistance de personne. Je sus, par la secrétairerie d'État, qu'on avait hésité si on enverrait un sénateur à Lille, parce qu'on craignait qu'il ne s'élevât quelque conflit entre lui et moi; mais on avait réfléchi que je n'avais de pouvoirs que pour le département du Nord, qui ne compose pas seul la division, puisque le département du Pas-de-Calais en fait aussi partie. On convint donc d'envoyer un sénateur là comme ailleurs, mais avec la recommandation de ne me troubler en rien, et seulement de me regarder faire et d'en rendre compte. La mission en échut à M. de Villemanzy.

M. de Villemanzy était un ancien commissaire des guerres, qui, quarante ans auparavant, était déjà employé en Amérique à l'armée du général Rochambeau. Nommé à l'Assemblée constituante, il avait fait preuve de quelque capacité au comité militaire de cette Assemblée. Employé depuis et presque toujours, l'Empereur lui avait enfin donné au sénat la plus honorable récompense de ses longs services. Il était alors assez fatigué de corps et d'esprit. Il employait ce qui lui restait de forces à des détails faciles auxquels il attachait une grande importance, et de la meilleure foi du monde s'admirait dans ses œuvres. Je savais, comme je viens de le dire, qu'il avait reçu la recommandation de ne pas me contrarier; il croyait que je l'ignorais, et il m'approuvait d'un ton de protection dont je riais intérieurement. Il avait ou il affectait une entière confiance dans l'étoile de l'Empereur, et nous promettait de ne pas quitter la division que S. M. n'eût balayé tous les ennemis du territoire de la France. Il répétait un jour ce propos favori à ma table, où se trouvaient les généraux employés à Lille : « Monsieur le sénateur, lui dit le général Levavasseur, commandant » de l'artillerie, l'un des hommes les plus instruits et les plus aimables » de l'armée, voulez-vous acheter un hôtel? j'en connais un fort bel » à vendre, à côté de la maison que j'occupe. — Que dit là monsieur » Levavasseur? reprend tout bas avec moi M. de Villemanzy ; je crois » qu'il fait quelque allusion à l'Empereur. C'est que si j'en avais l'as- » surance, je le traiterais comme il le mérite ; car malgré mon âge et » ma dignité il trouverait à qui parler. »

Je rassurai de mon mieux M. le sénateur, qui n'en conserva pas moins contre M. Levavasseur un ressentiment que celui-ci prenait à tâche d'envenimer par des plaisanteries à froid, dont personne au monde n'eut comme lui le secret.

Cependant l'Empereur était parti pour prendre le commandement de son armée. M. de Villemanzy, plus riche que moi en correspondance avec Paris, avait l'obligeance de m'apporter chaque matin des nouvelles ; elles roulaient sur deux points : sur les recrues qui affluaient à l'armée et sur les pertes de l'ennemi. Je tenais note des milliers de recrues, et j'avais trouvé que, suivant M. de Villemanzy, elles se montaient, dès les premiers jours de février, à 180,000 hommes. Quant aux pertes de l'ennemi, c'était bien autre chose ; et aujourd'hui, après quinze ans, je ne sais pas encore si ce pauvre M. de Villemanzy était ou voulait me rendre dupe. Il est vrai que longtemps je ne m'étais pas permis une observation. Ma patience cessa à la nouvelle des combats de Brienne et de la Rothière : il prétendit me prouver que les ennemis reculaient. Ceci était trop fort. Mes propriétés étaient alors des champs de bataille ; ma maison de ville avait été transformée en hôpital militaire ; mes fermes étaient brûlées, mes fermiers en fuite ; mon pays entièrement désolé, et j'étais trop payé pour différer d'opinion avec M. le sénateur. Je lui dis franchement que les lettres dont on le berçait étaient des balivernes, qu'il devait tenir sa mission pour finie et retourner promptement à Paris, s'il ne voulait pas courir le risque d'être enfermé dans Lille et soumis à l'autorité militaire, la seule reconnue en temps de siége. M. de Villemanzy fit semblant de tenir ferme, mais je m'aperçus qu'il était ébranlé.

A cette époque, je reçus la visite inopinée de M. Laborie. Qui n'a pas connu Laborie? qui n'a pas ouï dire son incroyable activité, son esprit, sa gaieté, sa bonne et sa mauvaise fortune, son dévouement pour tout le monde, hormis pour lui et pour les siens, et plus que tout cela, l'influence singulière qu'il prit sur des événements qui s'accomplissaient dans une sphère bien supérieure à la sienne.

Laborie traversa avec courage et sans faillir les plus mauvais temps de la révolution. Quand les jours devinrent moins sombres, et quand après le 9 thermidor le pouvoir commença à prendre quelques formes supportables dans les comités de la Convention, entr'autres dans celui de salut public, Laborie se fit employer dans le dernier, et depuis cette époque, jusqu'au ministère du prince de Polignac inclusivement, il n'a pas discontinué d'être l'agent le plus vif, le plus délié, le plus infatigable de tous les pouvoirs qui se sont succédés. Si l'un de ces pouvoirs faisait mine de le repousser, il se retournait en tant de sens différents qu'il parvenait à s'imposer quoi qu'on en fît. Si la persévérance de ses efforts était au-dessous de la force de répulsion, il travaillait à miner l'homme qui lui résistait et à en substituer un autre de son choix. Malheureusement, il y a trop réussi! mais comment, et par quels moyens? Comment se fait-il qu'un individu peu consistant en apparence ait pris sur les destinées publiques cet ascendant étrange? Par la plus incroyable activité dont ait jamais été doué une créature humaine; en frappant tous les jours et à tous les instants sur des ressorts petits en apparence, mais dont les mouvements multipliés en se pressant les uns sur les autres produisaient un ébranlement. Dans la même journée, Laborie assistait à la messe de l'abbé Legris Duval, dînait chez M. de Talleyrand, perdait son argent à l'hôtel de Luynes, passait une partie de la nuit avec Sainte-Foix et sa maîtresse, et les quittait pour courir aux matines des Missions-Étrangères; et il faisait tout cela de la meilleure foi du monde, tout naturellement, sans efforts, sans embarras, comme le poisson nage dans l'eau. On ne saurait concevoir ce dont est capable un personnage à qui du vif argent circule ainsi dans les veines à la place du sang.

Le prétexte de la visite qu'il me fit à Lille, au mois de février 1814, était une affaire qu'il venait, disait-il, défendre au tribunal de Lille. J'étais tellement assuré qu'il y avait une cause sous ce prétexte que je l'admis sans difficulté et pour ne pas perdre de temps à le réfuter. Aussi les affaires du jour vinrent-elles promptement sur le tapis, et il ne fut plus du tout question du procès. Laborie me fit un tableau pitoyable et vrai de l'état où se trouvait l'Empereur : il fallait le tenir pour perdu, et pour comble de malheur, les puissances étrangères étaient intérieurement résolues à ne plus traiter avec lui. Le congrès de Châtillon est une vaine forme propre tout au plus à justifier des dispositions prises dès longtemps, et qui ne tarderont plus à se manifester. Dans une telle extrémité, on songe à une régence; elle appartient à Marie-Louise; mais il lui faut un conseil, et ne serait-il pas rassurant pour tout le monde s'il était composé de MM. Cambacérès, Talleyrand, Dalberg, d'un maréchal de France accrédité dans l'armée, et d'un homme de lettres de première ligne tel que notre ami commun M. de Fontanes. Laborie me demande mon avis sur la composition de ce conseil, et quel parti je me propose de prendre si on vient à l'établir. Je réponds que je suis, grâces au ciel, fort éloigné de ces hautes considérations : l'Empereur m'a envoyé dans le département du Nord pour en approvisionner les places et y organiser les gardes nationales. Cette partie de ma mission touche à sa fin. Je n'ai plus à m'occuper, à Lille, que du courant de l'administration, et ce ne sera même pas pour longtemps, car si nos affaires vont aussi mal qu'on le dit, et que l'ennemi fasse une démonstration sur la ville, elle sera soudain mise en état de siége, et par ce fait seul l'autorité civile passe entière à l'autorité militaire. Dans ce cas, et suivant le besoin, je me laisserai enfermer à Lille, ou je passerai dans une autre ville non assiégée; mais je me garderai bien de sortir du département, parce que si cela m'arrivait et qu'il restât un carreau dans les serres de l'aigle, j'en serais foudroyé. Mon métier est tout tracé : obéir à l'Empereur jusqu'au bout, après lui à son fils, quelle que soit la forme du gouvernement, et je ne vois pas comment je peux influer sur cette forme pour rien qui soit en mon pouvoir. Laborie ne veut pas croire que je me réduise à ce rôle passif; il insiste : ce n'est pas à lui qu'il échappe combien est forte ma position : j'ai dans la main la seule frontière qui reste et d'où tout va se décider, puisque le surplus de la France est envahi. Je puis donc servir ou nuire au projet que l'on forme à Paris, suivant que ce projet entrera plus ou moins dans mes vues. La discussion s'échauffe sans que nous parvenions à nous entendre. On annonce le dîner : « Ah! la bonne nouvelle! s'écrie La- » borie; profitons-en; elles sont si rares par le temps qui court. J'es- » père que vous faites bonne chère; c'est une consolation. Nous re- » prendrons ensuite la conversation avec plus de succès, car

« L'on en vaut toujours mieux, quand on a bien dîné. »

Apparemment la maxime est juste; au sortir du dîner, où l'on s'était égayé en dépit des circonstances, Laborie me prit dans une embrâsure et me reprocha d'avoir manqué de franchise avec lui, de ne pas l'avoir traité comme un ami de vingt ans. « Parlons vrai, ajoute-t-il, » vous connaissez le prince royal de Suède? — Pas beaucoup; assez cependant pour lui avoir écrit une lettre de compliment quand il a été adopté par le roi Charles XIII, et pour renouveler mon hommage tous les ans au 1er janvier; c'est ma femme qui est liée assez particulièrement avec la princesse; mais qu'ont de commun ces détails avec la matière que nous traitions avant le dîner? — « Allons! vous êtes bou- » tonné avec moi et cela n'est pas bien. Est-ce que je ne sais pas » comme vous que le prince est en expectative avec son armée tout » près d'ici. Le général Maisons, qui commande l'armée du Nord, a

» été son ancien aide-de-camp, et il est resté son ami. Ce dernier a
» avec lui des officiers qui lui sont dévoués, et des soldats dont il dis-
» posera. Tout cela n'attend qu'un signal, vous êtes engagé dans ce
» parti ; je ne vous blâme pas : au moment où le vaisseau fait eau de
» toutes parts, permis de saisir la première planche ! celle-ci en est
» une comme une autre. Je me plains seulement du silence gardé avec
» un ami de vingt ans, qui était à vous dans le bonheur comme dans
» le malheur : vous vous en souvenez bien ? » — Ces plaintes de Laborie
me faisaient peu d'impression, parce que je ne les méritais pas ; mais
je ne parvins pas à le convaincre, et nous nous quittâmes bien, parce
qu'on ne se quitte jamais mal avec Laborie. Cependant il avait éveillé
mes soupçons sur le prince royal de Suède et je me rapprochai du général Maisons pour les éclaircir.

Cet officier commandait en effet ce qu'on appelait alors l'armée du
Nord, et il avait son quartier-général à Lille. Cette armée était forte de
quatre à cinq mille hommes, ramassés dans les dépôts, les recrues et
les fuyards qui alors encombraient les routes. On ne lui donnait pas
moins le titre pompeux d'armée du Nord. A force d'en parler ou d'en
mentir à Paris, on avait fini par croire que cette armée existait ; le
ministre de la guerre pressait incessamment le général Maisons de
prendre l'offensive et lui prescrivait un genre d'opérations qui suppo-
saient la présence de cent mille hommes sous les drapeaux. Le général criait, jurait, pestait et écrivait au ministre pour le détromper.
Celui-ci n'en tenait œuvre le moins du monde ; il persistait à recom-
mander de prendre l'offensive et envoyait de Paris des manœuvres
fortement imaginées pour une armée qui n'était que dans l'imagina-
tion. Le général Maisons poussé à bout prit enfin son parti : il porta
sur Anvers sa troupe délabrée ; la pointe qu'il fit sur cette ville fut
heureuse. Il la soutint même avec habileté plus de temps qu'il ne
l'avait espéré lui-même ; et les bulletins de l'armée du Nord d'enrichir
les colonnes du *Moniteur*.... « Le général Maisons a repoussé l'ennemi,
» qui fuit sur tous les points ; la Belgique est délivrée ; la Hollande le
» sera incessamment. » Et cela s'écrivait quinze jours avant l'entrée
des alliés à Paris. Je rends justice au général Maisons : il levait les
épaules en lisant toutes les merveilles qu'il avait opérées.

J'essayai de pénétrer quels étaient ses rapports avec le prince royal
de Suède. Comme nous étions l'un et l'autre dans le même bateau
qui faisait eau, il fallait bien passer sur tout le reste pour courir à la
pompe.

Le général Maisons me dit qu'il soupçonnait en effet au prince royal
des vues au trône de France. Ce prince l'avait sondé par ses aides-de-
camp ; il lui avait fait quelques communications écrites, mais avec la
précaution de ne rien laisser dans ses mains. Le système du prince

était bien conçu : il commençait par établir dans les esprits que les souverains alliés avaient renoncé à traiter, à quelques conditions que ce fût, avec l'empereur Napoléon, et soutenait ensuite que ce serait pour la France l'excès de la honte que de reprendre jamais les princes de la maison de Bourbon avec les émigrés et leur cocarde blanche, et qu'il fallait périr plutôt que de le souffrir. Il restait un point milieu entre ces deux extrémités, et quoique le prince royal ne l'indiquât pas précisément pour le remplir, il laissait aux autres le soin de trouver qu'il était un heureux à propos comme Français, comme prince, comme général d'une armée victorieuse. Bonaparte, au 18 brumaire, n'était pas aussi bien préparé pour le trône, et sa succession toute délabrée qu'elle était alors n'effrayait pas du tout le prince de Suède. Le général Maisons n'avait pas l'air de s'associer le moins du monde aux espérances du prince ; il les tournait plutôt en ridicule dans cette langue de corps-de-garde dont il possède toutes les beautés. Il annonçait comme parti pris de défendre jusqu'à la dernière extrémité la cause de l'Empereur, et s'il était écrit qu'elle dût succomber, de se retirer dans une terre qu'il possédait sur les bords du Rhin, et d'y reprendre la charrue.

Je ne pouvais plus douter de l'intrigue du prince royal, et, chaque jour, je m'efforçais de la pénétrer plus à fond. Je sus que des émissaires étaient répandus sur plusieurs points du département occupés par l'armée du Nord, et que les communications du prince avec les généraux de cette armée devenaient plus fréquentes. Bientôt même on rompit toute mesure, en publiant un écrit imprimé, à la vérité, sans signature ni mention d'imprimeur, mais qui contenait, dans un style propre à faire impression sur les soldats, une paraphrase sur le système que j'ai exposé plus haut. Je me rendis, muni de cet écrit, chez le général Maisons, qui me dit que lui-même l'avait reçu. Il passa légèrement sur les ridicules prétentions du prince royal de Suède, mais se prononça plus fortement que la première fois sur la honte d'accepter jamais les princes de la maison de Bourbon ; et je me souviens que la seule idée de leur retour faisait verser des larmes de regret et de désespoir à deux généraux, tous deux également recommandables, qui se trouvaient alors chez le général en chef. Mais chacun de se demander : Que deviendrons-nous, pourtant, si l'Empereur succombe ? Je développai alors le projet de régence que m'avait apporté Laborie, et tout le monde me parut prêt à s'y rallier. Ce projet avait rassuré tous les esprits, et je n'aperçus rien qui indiquât une pensée différente dans le général Maisons, que je considérais avec beaucoup d'attention. J'aperçus, quelques jours après, que l'agitation augmentait autour de moi, et je crus que le moment d'avertir était arrivé. J'adressai à l'archichancelier un Mémoire pour l'Empereur, où je rendais compte de ce qui se passait. Ce Mémoire lui fut envoyé à son quartier-général, et un double au duc de Vicence, qui, probablement, était encore au congrès de Châtillon. Le duc m'a dit qu'il l'avait reçu, et, presque en même temps, une note foudroyante de l'Empereur contre le prince de Suède. Il m'a dit aussi qu'au reste l'avis était venu de dix côtés différents, et même aux souverains alliés, et que c'était par là que s'expliquait le peu de séjour qu'il avait été permis au prince royal de faire en France. Il y resta cependant assez longtemps pour avoir une conférence avec *Monsieur*, et c'est là qu'il prononça une maxime que ce prince m'a quelquefois répétée depuis : « qu'il faut, pour gouverner les Français, » une main de fer recouverte d'un gant de velours ». A quoi j'osai lui répondre un jour que les gants de velours étaient faciles à trouver, mais que les cœurs et les mains de fer étaient singulièrement rares dans sa famille. Ce prince, qui est lui-même un modèle de bonté, en convint, et me dit que j'avais tout à fait raison.

Sur ces entrefaites, le général russe, dont l'armée occupait déjà une partie du département, s'avisa de faire une démonstration sur Lille, et nous envoya de fort loin quelques coups de canon. La générale battit, et, à l'instant même, tous les ouvrages de la place furent garnis comme s'il eût été question d'une attaque véritable. Les canonniers bourgeois de Lille faisaient seuls le service de cette place importante. C'est un privilége dont ils sont fort jaloux, et qu'ils ont mérité par la bravoure et l'habileté qu'ils ont déployées à la belle défense de cette place par le maréchal de Boufflers, et ils ont montré depuis qu'ils n'avaient pas dégénéré, lorsqu'en 1794 le duc de Saxe-Teschen vint bombarder la ville. Le corps des canonniers est composé d'habitants bien connus, et son existence contribue à entretenir au sein de la ville un esprit militaire précieux dans une place qu'on peut appeler l'une des portes de la France, et sur la route la plus courte pour arriver à sa capitale. J'avais éprouvé qu'il y a peu de rôles aussi maussades que celui d'un magistrat civil qui reste confiné dans son cabinet, lorsque le danger appelle les militaires au combat. Ceux-ci ne manquent pas de s'en prévaloir le lendemain, pour affecter plus haut que jamais la supériorité. Lors donc que j'entendis battre la générale, je pris mon habit de garde national, et j'allai prier le général qui commandait à Lille de me recevoir pour l'un de ses aides-de-camp. Je marchai avec lui aux remparts et l'accompagnai à la visite des postes. Je profitai de la circonstance pour féliciter les canonniers bourgeois sur leur ardeur et leur belle tenue, et je protestai de ma disposition de combattre à leurs côtés. Quelques coups de canon sans conséquence furent échangés, et l'ennemi ne tarda pas à s'éloigner. Mais ce procédé me fit honneur dans la ville : il fit qu'on y parla du sangfroid et de la résolution que j'avais montrés, au Havre, en 1803, lorsque cette ville fut bombardée par les Anglais, et on voulut bien conclure que je ne serais pas de trop à Lille, si la ville était sérieusement attaquée.

Cette simple démonstration détermina l'autorité militaire à déclarer l'état de siége, et cette déclaration eut bientôt des conséquences déplorables. On abattit d'abord sans pitié une partie de faubourg et d'élégantes maisons de campagne qui avaient été bâties dans le rayon de la place. Il eût mieux valu, sans doute, en empêcher la construction; mais, quoique la loi soit précise et sévère en ce point, les autorités militaires avaient été enhardies à la tolérance, d'abord par la longueur de la paix, et ensuite lorsque, par l'effet de la guerre et des conquêtes, nos frontières, sur ce point, avaient été reportées à Maëstricht et à Luxembourg. Cette opération, qui me paraissait si sévère, fut supportée sans le moindre murmure. Deux pauvres ménages seulement se présentèrent à moi, parce qu'ils ne savaient plus où s'abriter. Il ne me fut pas difficile de leur trouver des refuges, tant était parfaite la manière dont j'étais secondé par les habitans.

Mais ce n'était pas tout : la déclaration de l'état de siége semblait imposer l'obligation d'approvisionner la ville : déjà je m'en étais occupé. On avait constaté soigneusement la population intérieure, et admis qu'un siége pouvait durer six mois. On avait déterminé et fait en conséquence les approvisionnements en céréales, en riz, en viandes salées et en fourrages. Les magasins étaient voisins du complet, et on avait aussi compté sur les approvisionnements que faisaient les particuliers comme sur un supplément, pour le cas où le siége durerait plus de six mois et où il surviendrait quelque perte dans les magasins. On n'avait pas, il est vrai, compris l'armée du Nord parmi les consommateurs; mais rien n'indiquait qu'elle dût, en cas de siége, s'enfermer dans la ville. Il était même permis de supposer le contraire. Dans tous les cas, et puisque cette armée ne contenait pas plus de trois à quatre mille hommes, on avait du temps devant soi pour renforcer les magasins jusqu'à concurrence de cet excédant de consommation, et j'avais proposé de le faire; mais ce n'était pas le compte de ceux qui composaient, et surtout de ceux qui commandaient cette armée : ils n'avaient voulu se confier à personne du soin de l'approvisionner. L'état de siége n'avait pas été sitôt annoncé, qu'on la vit se séparer en détachements et se partager les environs de Lille, pour y exercer des déprédations qui ressemblaient à un ravage. C'était grande pitié que de voir ces détachements rentrer en ville, chassant devant eux des troupeaux de bœufs, de moutons, et surtout de vaches pleines, dont les officiers supérieurs étaient très friands. Les soldats, pour ne pas être en reste, portaient des volailles suspendues à leurs fusils. Le beurre et les viandes salées n'avaient pas été négligés davantage : tout avait été enlevé avec une singulière barbarie. On aurait pu faire aussi mal

en un pays conquis, mais assurément on n'aurait pas fait pire. Ce qu'il
y avait surtout de révoltant, c'est que ces bestiaux n'étaient pas sitôt
entrés dans la ville qu'ils y devenaient une sorte de monnaie obsidio-
nale : les généraux les employaient à solder les comptes de leurs four-
nisseurs ; les officiers les donnaient en paiement aux traiteurs ; et,
quand j'avais essayé de faire quelques remontrances sur ce que je
croyais un scandale, on m'avait répondu que ces transactions étaient
sans inconvénient. L'essentiel était que les bestiaux fussent entrés dans
la ville ; il importait ensuite fort peu dans quelles mains ils passeraient,
parce que toujours on les retrouverait au besoin. Cette rude manière
d'approvisionner l'armée du Nord durait depuis plusieurs jours et avec
la même activité. Un officier supérieur de la garde impériale occupait
un hôtel contigu à celui de la préfecture, et sur lequel se dirigeaient
incessamment des approvisionnements de toute espèce. Le public s'y
méprit, et il conclut, des longues files de voitures et des troupeaux de
bestiaux qui s'avançaient vers l'hôtel de la préfecture, que c'était pour
le compte du magistrat qui l'habitait. Je fus obligé de le détromper, en
faisant placarder une affiche qui contenait que : « le conseiller d'état
» en mission à Lille ne faisait et ne ferait aucun approvisionnement
» pour lui et pour sa maison, qu'il réduirait, en cas de siége, à un seul
» domestique, et qu'il recevrait sa subsistance des magasins publics,
» comme tout autre habitant ». Cette affiche, placardée un jour de
marché, produisit plus d'effet que je n'aurais voulu : elle souleva les
hommes de la campagne, que l'autorité militaire dépouillait, depuis
trois ou quatre jours, avec tant de cruauté. Ils conclurent, de ce qu'un
conseiller d'état se reconnaissait ainsi soumis à la loi commune, qu'un
général n'en était pas dispensé, et on parlait de se porter dans les maisons où les bestiaux étaient enfermés, pour les reprendre et les recon-
duire aux lieux où on les avait pris. L'excitation était vive. Heureusement, j'en fus prévenu à temps. Je fis appeler sur-le-champ auprès de
moi quelques-uns des plus échauffés, et j'essayai de les calmer, en leur
recommandant de bien faire constater la valeur des bestiaux et des
denrées enlevés, parce que cette valeur leur serait remboursée. J'é-
prouvai, dans cette circonstance, combien un administrateur a besoin
d'inspirer la confiance, et quel parti, dans l'occasion, il en peut tirer.
L'un de ces hommes, et le plus échauffé de la compagnie, me dit :
« Nous promettez-vous, monsieur, que nous serons payés ? Si vous
» nous le promettez, tout est dit. » Je répondis que je ne pouvais pas
promettre le paiement, parce que s'il éprouvait de la difficulté quelque part je serais obligé de l'effectuer de ma poche ; mais que je pro-
mettais tous les efforts dont j'étais capable pour le procurer, parce
qu'il était trop juste, et j'ajoutai qu'en conscience je le regardais
comme probable. « C'est parler comme un honnête homme, reprit

» mon interlocuteur; eh bien! monsieur, il en sera comme il vous
» plaira; mais, bon Dieu! si vous pouviez voir comment on nous
» traite ! »

Je goûtais de la sorte les avant-coureurs d'un siége, et je n'étais pas
sans souci sur ce qui m'était réservé durant le siége même ; mais j'é-
tais soutenu par la pensée d'un devoir à remplir, et je trouvais une
satisfaction mêlée d'orgueil à redoubler de dévouement à l'Empereur
malheureux. Je l'avais vu, à Berlin, à l'apogée de sa puissance, lorsqu'après les merveilles de la campagne de Prusse il était maître de ce
royaume et l'arbitre de l'Allemagne. Alors il humiliait les rois; mais
les peuples aimaient encore sa gloire et espéraient dans son génie.
Aujourd'hui, peuples et rois marchent confondus pour sa ruine : elle
semble inévitable. N'importe! J'ai été pour Napoléon l'un des ouvriers
de la première heure ; il me retrouvera, s'il le faut, à la dernière, et,
quelle que soit la destinée qui l'attend, il y a toujours quelque gloire
à tomber adossé à un colosse de cette dimension.

Ma détermination était arrêtée sur ce point. Cependant, je suivais
avec anxiété la marche des armées ennemies, et je jugeai, par les résultats du combat de Montereau, qu'elles devaient être aux portes de
Paris. Les officiers-généraux, avec qui je conférais assidûment, pen-
saient tous que jamais elles ne se hasarderaient à y entrer. Cependant,
quelle serait alors leur marche, et comment assigner un dénoûment
à cet épouvantable drame? Nous étions dans cette perplexité, lorsque
je reçus de Paris un billet qui portait en deux lignes : « Garde à vous!
» la dernière barrière est brisée ; les alliés entreront ce soir ou demain
» à Paris. » Ce billet était de mon ami Dupont de Nemours. Mon premier soin, après l'avoir reçu, fut de courir à la poste, et d'y prescrire
de ne délivrer les lettres qu'après que j'aurais ouvert celles qui m'é-
taient adressées. Le premier courrier n'apporta rien que le *Moniteur*
du 30 mars, encore parsemé de mensonges officiels. Il n'en fut pas de
même de celui du lendemain. Aucune lettre, aucun billet ne m'étaient
adressés, et c'était à la lecture du *Moniteur* seul que j'apprenais la
déchéance prononcée par le sénat, la formation d'un gouvernement
provisoire, et ma nomination à la place de commissaire pour le département de l'intérieur. Je restai stupéfait. Heureusement, le général
Maisons était sorti avec son armée pour quatre ou cinq jours, et j'avais
le loisir de délibérer. Après m'être assuré que la nouvelle n'était pas
dans les petits journaux, j'en conclus qu'elle ne devait pas se trouver
dans les lettres particulières. Je laissai donc les uns et les autres reprendre leur cours habituel ; je n'exceptai que le *Moniteur*. Je passai
la soirée à délibérer avec le général commandant la division et le maire
de Lille. L'aspect de la ville n'était pas autre que celui de la veille, et,
chose singulière! la grande nouvelle ne pénétra, jusqu'au soir, par

aucun côté; mais, pour surcroît de choses inattendues, je vis arriver, ce soir même, à Lille, mes deux fils, que ma femme alarmée m'envoyait avec mon secrétaire. Je n'ai pas cessé de porter beaucoup de reconnaissance à M. le prince de Talleyrand, pour l'honneur qu'il m'a fait en m'appelant au Gouvernement provisoire; mais il m'a servi plus que je ne le méritais et autrement que je ne le voulais.

Il y avait longtemps que je tenais l'Empereur pour perdu; mais je ne croyais pas que ses malheurs m'eussent délié de mes serments, et il m'avait, en m'envoyant à Lille, donné une preuve de confiance qui m'y enchaînait davantage. Les dernières paroles qu'il m'avait dites résonnaient à mon oreille et retombaient sur mon cœur. Tant qu'il n'avait été que puissant, je l'avais admiré et craint; mais j'étais attendri au souvenir de cette grandeur déchue, que le malheur avait dernièrement rendue familière avec moi. Mon parti fut bientôt pris, parce qu'il était indiqué par le devoir. Je n'avais point à examiner qui, dans ce grand débat, avait tort ou avait raison; j'étais l'homme de l'Empereur, et je devais le servir jusqu'à ce qu'il m'eût dégagé. Si je perdais la faculté de le servir, je devais me retirer et souhaiter des temps meilleurs à ceux qui me remplaceraient. Mais ma position à Lille, sans compliquer la question, rendait ma conduite difficile. L'armée du général Maisons conservait un grand attachement à l'ordre de choses actuel. Le hasard et la prudence avaient donné le commandement des divisions à des généraux forcés de désespérer des Bourbons; ils étaient maîtres de ma personne. Qu'allaient-ils délibérer à leur retour? Le général Maisons avait été instruit du voyage de M. Laborie, et, sans s'en expliquer avec moi, il avait laissé tomber en ma présence de ces paroles qui indiquent le soupçon et frisent la menace. De mon côté, je le soupçonnais, à tort, peut-être, d'être enfoncé dans un tiers-parti pour le prince royal de Suède. Entre deux hommes aigris de la sorte par des soupçons, et qui, depuis trois mois, se faisaient une guerre sourde, l'explosion devait être un danger pour l'un ou pour l'autre, et, matériellement, le général Maisons était le plus fort.

Si je restais à Lille après que ma nomination aurait été divulguée, je ne le pourrais qu'en repoussant publiquement cette nomination, comme faite à mon insu et contre mon gré; mais si le général Maisons tenait pour le prince royal de Suède, ce désaveu ne me servirait pas à grand chose, et il aurait l'inconvénient, sinon de compromettre, au moins de contrarier ceux qui m'avaient donné, à Paris, un témoignage signalé de leur confiance. Je m'arrêtai donc au parti de mettre ordre, à Lille, aux affaires les plus pressantes, et de me rendre à Paris, pour y prendre connaissance par moi-même de l'état des choses.

J'avais passé la nuit, et j'étais encore à mon bureau, le lendemain, à neuf heures du matin, lorsque je reçus du général Brenier, com-

mandant de la division, un billet conçu en ces termes : « Le général
» commandant à Lille a l'honneur de prévenir M. le conseiller d'état,
» commissaire de S. M. l'Empereur et Roi, que M. le général en chef
» commandant l'armée ayant eu connaissance de la nouvelle qui se
» répand d'un changement de gouvernement, se reporte précipitam-
» ment sur Lille, où il arrivera aujourd'hui, à deux heures, et pour y
» réprimer avec sévérité tout ce qui aurait trait à un pareil événement.
» M. le conseiller d'état jugera, dans sa prudence, s'il doit attendre
» M. le général Maisons, ou prendre lui-même quelques mesures, avant
» son arrivée. »

Je compris à merveille, et l'avertissement et que l'affaire la plus
urgente pour moi était celle de mon départ. Je ne me trompais pas,
car le général Maisons en exprima beaucoup de dépit, et dit, au cercle
de ses officiers, en rentrant dans la ville, que s'il m'y eût encore trouvé
il m'aurait fait fusiller. Je me permets d'en douter. Cette menace est
de la nature de celles sur lesquelles on se met à l'aise dès qu'il est impossible de les exécuter ; mais il est probable que le général Maisons se
serait donné le petit plaisir de me faire arrêter, et d'humilier dans ma
personne la race des pékins, contre laquelle il était singulièrement
prévenu. Je pris le parti du départ, et c'était le plus sûr ; mais il n'é-
tait pas sans difficulté. J'étais dans une ville fermée, aux portes de
laquelle, depuis vingt-quatre heures, on redoublait avec raison de
surveillance. Il était à craindre que mon passage n'excitât quelque
mouvement, et le moindre obstacle que j'y rencontrerais se changerait
promptement en danger.

J'appelai à mon aide M. Cordier, l'ingénieur en chef du département,
homme d'esprit et de résolution, et tout-à-fait disposé pour un changement dont la nécessité lui était démontrée. Il respectait mes scru-
pules, mais me pressait d'arriver à Paris, pour m'éclairer sur l'état des
affaires. Il me trouva en un moment une carriole d'osier attelée d'un
vieux cheval, m'affubla d'un uniforme de cantonnier et monta dans la
voiture avec moi. Nous passâmes heureusement les portes, et, là, il
me proposa d'aller droit au quartier-général du commandant ennemi,
comte de Geisnau, qui, de poste en poste, nous ferait conduire à Paris
par la route militaire qu'il tenait ; ou de marcher à travers champs, en
évitant, tant que nous pourrions, la grande route et les villes, où, dans
l'incertitude des esprits, nous pouvions faire des rencontres fâcheuses.
Le parti de nous rendre au quartier-général ennemi était sans contre-
dit le plus sûr ; mais je le repoussai avec une sorte d'horreur. Je me-
surai avec effroi la position où l'on m'avait mis à mon insu ; moi,
ouvrier des premiers jours de l'Empereur, qui, depuis quinze ans,
l'avais servi avec fidélité, mais en avais été si bien récompensé ; moi,
à qui il avait dit, en m'envoyant à Lille : « Je vous confie l'une des

» clefs de la France », je suis réduit à délibérer si j'irai me réunir à
ses ennemis. Non ! Quelle que soit la fortune qui m'y attendrait, je ne
serais plus qu'un infâme à mes yeux ! Ce n'est pas de mon aveu que
j'abandonne Lille, et, puisque je suis forcé de me rendre à Paris, je
veux y arriver par la route française. Ce parti pris, nous marchons
comme nous pouvons. La première station où nous nous arrêtons était
la ville d'Hesdin. Nous descendons, dans notre modeste équipage, à
l'hôtellerie la plus voisine de la porte, et nous y faisions un repas con-
forme à notre fortune apparente, lorsque survinrent deux brigades de
gendarmes qui venaient de prêter main-forte à une conscription labo-
rieuse. Un malheureux jeune homme y avait perdu la vie. Ces gendarmes étaient couverts de son sang, et dans un état d'ivresse à peu
près complet. Ils se targuent de cet homicide comme d'un beau fait
d'armes. On leur demande des nouvelles : ils parlent vaguement de ce
qui se passe à Paris ; ils disent qu'il y a là des scélérats qui veulent
mettre les Bourbons à la place de l'Empereur ; qu'ils ont sans doute
des complices à Hesdin, et que, s'ils les connaissaient, ils passeraient
mal leur temps ; qu'ils les sabreraient tous à travers le ventre, comme
ils ont fait ce matin à ce scélérat de conscrit. On apporte du vin, et ces
gendarmes de boire comme s'ils en eussent eu besoin. « Voilà qui
» nous préserve, me dit tout bas M. Cordier ; laissons-les boire ; ne
» dites rien, et surtout ne bougez pas ». Il se lève, paie l'aubergiste,
attèle le cheval, et m'envoie avertir par le garçon d'auberge qu'il
m'attend. Nous partons, sans qu'il soit venu à ces gendarmes l'idée de
nous demander des passeports et de nous faire la plus petite question.
« Ceci est de bon augure, me dit mon compagnon de voyage ; mais
» nous aurons peut-être plus d'une épreuve de ce genre à subir. » La
France était alors au plus fort de la crise, et nous rencontrions tour à
tour des conscrits furieux et qui entonnaient les hymnes sanguinaires
de la Révolution, ou des fuyards de Paris, qu'on reconnaissait sans
peine à leur air inquiet et au silence qu'ils observaient. Nous arrivons,
à travers ces tableaux variés, à la porte d'Abbeville. Nous allions y
entrer, lorsqu'un homme qui se promenait sur la route arrête notre
voiture et nous demande si nous sommes bien informés de ce qui se
passe dans la ville ? Nous répondons que nous l'ignorons. « Dans ce cas,
» reprend notre homme, il est bon de vous l'apprendre : vous ferez
» après ce qu'il vous plaira. M. André Dumont, notre sous-préfet, a mis,
» de son autorité, la ville en état de siége ; il laisse entrer tant qu'on
» veut, mais il ne permet pas d'en sortir, et il met en prison tous ceux
» qu'il soupçonne d'être des royalistes. Cela ne durera pas longtemps,
» car il cache toutes les nouvelles qui viennent de Paris : d'où je con-
» clus qu'elles sont mauvaises ; et je suis ici à tâcher d'en attraper
» quelques-unes. Pourriez-vous m'en donner ? » — Nous lui répondons

qu'un acte de confiance de sa part en excite un de la nôtre ; que nous ne venons pas de Paris ; mais que nous sommes assez bien informés pour l'assurer que le siége de M. André Dumont touche à sa fin. Nous le prions de nous indiquer où nous pourrions passer la nuit avec une entière sûreté. Il nous indique une ferme habitée par d'excellentes gens, et où nous serions reçus, en indiquant que c'est lui qui nous envoie. Nous nous y dirigeons, et on exerce en effet, envers nous, et avec une simplicité antique, tous les devoirs de l'hospitalité. Le fils de de la maison attèle, le lendemain matin, deux bons chevaux à notre voiture, et nous conduit à travers champs, assez près d'Amiens pour que nous ayons pu juger que le pays ennemi était passé. C'est là, en effet, que nous aperçûmes les premières cocardes blanches. Je ne pus me défendre, en les voyant, d'une singulière impression. Depuis vingt-cinq ans, cette cocarde était proscrite ; elle était le signe ennemi, et, tant et de si grandes choses s'étaient faites en France sous la cocarde opposée ! Si longtemps nous en avions été fiers. Nous trouvâmes, à Amiens, la contre-révolution fort avancée. Le préfet, M. de la Tour-du-Pin s'y était employé de grand cœur, et madame l'y avait puissamment aidé de son esprit et de sa grâce. Elle avait, en un clin-d'œil, converti le département, et son mari avait eu assez à faire d'enregistrer les conversions. En quittant le département de la Somme, nous retrouvâmes la cocarde tricolore, et même, par-ci par-là, des chants patriotiques et d'assez mauvais propos. Les rubans et les belles paroles de Mme de la Tour-du-Pin n'avaient pas pénétré jusque-là. Je citerai, entr'autres, qu'à la poste de Chantilly, nous entendîmes des vœux très prononcés contre le Gouvernement provisoire et la maison de Bourbon. Depuis Chantilly, nous n'eûmes plus en rencontre que des troupes libérées par la capitulation du maréchal Marmont ; elles marchaient par petits pelotons et gardaient une attitude silencieuse et triste. Les vieux vainqueurs de l'Europe laissaient l'ennemi au sein de la capitale de la France, et il ne leur avait pas été permis de mourir.

Nous n'aperçûmes les troupes ennemies qu'en descendant dans la plaine de Saint-Denis : j'y vis des Cosaques occupés à démolir des meules de blé et de fourrages. Nouvelle et douloureuse sensation ! C'était à leur profit qu'avaient semé les cultivateurs des environs de Paris. J'en avais déjà vu, qui avaient été attirés en Allemagne par nos guerres précédentes. Qui eût osé dire, alors, qu'ils fouleraient aux pieds le sol de la France et de la capitale de la civilisation moderne ? Passion funeste de la guerre ! Déplorable manie des conquêtes ! Nous avons couru jusqu'à Moskou évoquer les Cosaques et les attirer sur les bords de la Seine !

LE Cte BEUGNOT,
ancien ministre.

Paris. — Imprimerie de E. Brière, rue Sainte-Anne, 55.